KB203876

말씀 아래 더불어 사는 삶

LIFE TOGETHER

말씀 아래
더불어 사는 삶

인쇄 2022년 12월 05일
발행 2022년 12월 12일

지은이 ｜ 디트리히 본회퍼
옮긴이 ｜ 곽계일
펴낸곳 ｜ 아인북스
펴낸이 ｜ 김지숙
등록번호 ｜ 제2104-000010호
주소 ｜ 서울시 금천구 가산디지털2로 98
　　　(가산동 롯데IT캐슬) 2동 B208호
전화 ｜ 02-868-3018
팩스 ｜ 02-868-3019
메일 ｜ bookakdma@naver.com

ISBN ｜ 978-89-91042-86-5   03230

LIFE

말씀 아래
더불어 사는 삶

TOGETHER

빌리브

지금부터 제가 하려는 이야기의 주제는 여러 사람이 함께 애쓰고 구할 때 실현될 수 있는 그런 것입니다. 몇몇 특정 사람들만 관심을 가질만한 그런 소소한 주제가 아니라 지상의 교회가 부여받은 사명에 관한 이야기입니다. 그렇기에, 이 사명에 대해 다루는 것으로써 개인의 차원에서 이런 저런 해결책을 적당하게 둘러대는 것으로는 충분치 않습니다. 오히려 지상의 온 교회가 책임의식을 가지고 그 해결책을 찾아야 합니다.

근래 들어 교회가 그 위에 부여된 책임을 기피하는 현상들이 일어나는 것을 봅니다. 그리고 이제야 그 현상의 본질이 파악되고 있습니다. 교회가 본연의 책임을 기피하는 모습을 쇄신하고 다시금 그 사명을 붙잡고 일어서야 합니다. 이 사명을 수행하기 위해 한 몸의 교회 공동체를 이루는 각기 다양한 지체들이 긴밀하게 연합하여 협력할 필요가 있습니다.

앞으로 여러분이 읽을 글은 이를 실천해 가는 과정에서 만나는 여러 질문들에 대한 저의 묵상입니다. 바라는 점이 있다면 이 묵상들이 제가 경험한 것들이 가능한 분명하게 전달되고, 또 가능하면 널리 실천되는데 도움이 되었으면 합니다.

"이 책의 가르침을 강의실 밖의 삶을 통해 가르쳐 주신 전 비블리칼 신학교의 교회사 교수님이며 현 어바나 신학교 부총장이신 조 토마스Joe Thomas 박사님께 감사드리며…"

일러두기

1. 《말씀 아래 더불어 사는 삶》의 독일어 원문은 Christian Kaiser 출판사의 《Gemeinsames Leben》(1987)을 사용했고, 영어는 Fortress 출판사의 《Life Together》(2005)를 사용했다.

2. 책속의 책 《성경의 기도서 시편을 묵상함》의 독일어 원문은 Christian Kaiser 출판사의 《Das Gebetbuch der Bibel》(1987)을 사용했고, 영어는 Fortress 출판사의 《Prayer Book of the Bible》(2005)을 사용했다.

3. 본문의 성경 구절은 번역상에 의미 전달이 가장 적합한 두란노에서 발행한 《우리말 성경》으로 하였다. 다른 한글성경본으로 인용할 경우에는 별도로 명기하였다.

4. 본문의 주)는 내용의 이해를 돕기 위해 역자가 달았다.

5. '더불어 사는 삶'으로 번역된 독일어 '게마인자메스 리벤Gemeinsames Leben'은 문자적 의미 그대로 '공동의 삶'으로 번역될 수도 있다. 본회퍼가 말하는 '더불어 사는 삶'이란 표현 앞에 '말씀 아래'의 수식어가 붙은 것으로 간주하기 바란다.

1. 베를린대학 신경정신과 교수이자 의사였던 아버지 칼 본회퍼(Karl Bonhoeffer, 1868~1948)

2. 1930년 초반의 모습. 21세에 신학박사 학위를 받은 천재 신학자에서 현실과 역사 그리고 교회를 고민하는 목회자로의 전환기에 있다가 1930년에 미국으로 건너가 뉴욕에 있는 유니온 신학교Union Theological Seminary 에서 수학하던 본회퍼는 흑인 친구를 따라 할렘 지역에 있는 흑인 침례교회에서 주일학교 교사로 봉사한다. 이때 흑인과 소수인종 같은 사회적 약자들이 겪는 불평등 차별에 눈을 뜬 본회퍼의 눈은 이후로 사회의 연약하고 억압받는 자들에게 향하며 그들 속에 자신을 동일시 하신 그리스도를 발견한다. 이 때의 경험에 대해 스스로 "나는 말장난에서 현실로 돌아왔다"고 고백했다.

3. 시온 교회 소년들과 야외에 나온 모습(1932년)

4. 반나치 저항운동에 가담한 혐의로 체포된 뒤 테겔 형무소 뜰을 거니는 모습
(1944년 여름)

5. 18년 연하의 약혼녀였던 마리아 폰 베데마이어Maria von Wedemeyer
본회퍼는 마리아와 약혼한 지 2개월 만에 투옥되어 편지를 이어가다가, 2년 후
형장의 이슬로 사라졌다.

6. 영국 런던에 위치한 웨스트민스터 사원에 새겨진 20세기 순교자의 조각상. 왼
쪽부터 엘리자베스 수녀, 마틴 루터 킹 목사, 오스카 로메로 주교, 그리고 본회퍼

Dietrich Bonhoeffer

Dietrich Bonhoeffer

Dietrich Bonhoeffer

Dietrich Bonhoeffer

1장

공동체 삶에 대한 묵상

LIFE TOGETHER

"형제가 함께 한마음으로 사는 것이 얼마나 선하고 얼마나 보기 좋은가!" (시 133:1)

지금부터 우리는 성경의 빛에 비추어, 말씀 아래 '더불어 사는 삶'이 어떠한 모습이고 그 원리가 무엇인지에 대해 조명하려고 합니다.

그리스도인은 다른 그리스도인 형제, 자매들과 더불어 살아가는 특권을 당연한 것으로 여겨서는 안 될 것입니다. 예수 그리스도는 원수들 사이에서 거하셨습니다. 십자가 위에 홀로 달리셨을 때는 범죄자들과 조롱하는 군중 사이에 거하셨습니다. 그는 하나님과 원수 된 자들에게 평화의 소식을 가져다주기 위해 이 땅에 오셨습니다. 형제와 자매들이여, 그러므로 그리스도를 따르는 우리의 삶 또한 원수들로부터 단절되어 고립된 삶이 아니라 그들 가운데 거하는 삶이어야 합니다. 우리의 사명과 본분은 원수들 사이에 거할 때 이루어지는 것입니다. 루터 선생님은 이렇게 말하셨습니다.

"다스리려면 원수들 사이에 거해야 합니다. 이로 인해 고난 받지 않으려 하는 자들은 그리스도의 권세에 속한 자가 아닙니다. 그런 자들은 친구들과 함께 장미와 백합이 만발한 정원에 둘러앉기를 바라는 바, 죄인들이 아닌 종교적인 사람들과 함께 거합니다. 아, 너희 그리스도를 모욕하고 배반하는 자들이여! 만약 그리스도께서 너희가 하는 그대로 행하셨더라면, 그 누가 과연 구원에 이르렀으랴?"[1]

"내가 그들을 여러 백성들 가운데 흩으려니와 그들이 먼 곳에서 나를 기억하고…" (슥 10:9, 개역개정) 그리스도인들은 마치 바람에 날린 씨앗과 같이 하나님의 뜻에 의

---

[1] 시편 110:2절에 대한 마틴 루터Martin Luther의 해석.

해 "땅의 모든 나라 중에 흩어진"(신 28:25, 개역개정) 백성들입니다. 이는 고난이자 동시에 축복의 약속입니다. 하나님의 백성은 저 머나먼 곳 믿지 않는 자들의 땅으로 가서 그들 사이에 거하는, 온 세상을 뒤덮는 하나님 나라의 씨앗들과 같은 존재들입니다.

"내가… 그들을 모을 것이다. 내가 그들을 구원했으니… 그들이 그 자녀들과 함께 다 살아서 돌아올 것이다."(슥 10:8-9, 개역개정) 이날이 언제 도래할까요? 이날은 예수 그리스도께서 "흩어진 하나님의 자녀를 모아 하나가 되게 하기 위해"(요 11:52) 십자가에서 죽으셨을 때 처음으로 도래했고, 마지막 때에 하나님이 천사들을 보내셔서 그의 택하신 자들을 하늘 이 끝에서 저 끝까지 사방에서 모으실 때 마침내 도래할 것입니다(마 24:31). 그날이 올 때까지 하나님의 백성들은 흩어져 있으나 오직 그리스도에게 붙잡힌바 되었기에 먼 이방 나라에서 믿지 않는 자들 사이에 거할지라도 주님을 기억하므로 하나가 됩니다.

그렇기에 그리스도가 장사 된 이후로부터 최후 심판이 이르기까지 그리스도인들은 다른 형제들과 함께 지상의 교회 공동체에 속해 살게 된 바, 장차 올 그날을 은혜 가운데 고대하며 기다립니다. 믿는 자들이 하나님과 말씀과 성찬을 중심으로 모일 수 있는 것은 이 세상 가운데 주신 하나님의 은혜입니다. 그러나 모든 그리스도인들이 이 은혜에 참여할 수 있는 것은 아닙니다. 멀리 복음이 전해지지 않은 땅에서 복음을 전하다가 감옥에 갇히고, 병들고, 멀리 흩어져 외로움에 떨고 있는 사람들은 홀로 서야 합니다. 이들은 눈에 보이는 지상의 교회 공동체 자체가 하나님의 은혜라는 것을 뼛속 깊이 이해합니다. 그래서 시편 기자와 함께 이렇게 부르짖습니다. "내가 많은 사람들과 함께 그 행렬을 이끌고 하나님의 집으로 가며 명절을 지키러 가는 사람들 사이에서 기뻐 외치며 찬양했습니다"(시 42:4). 하지만 하나님의 뜻을 따라 흩어진 씨앗과 같이, 지금은 먼 흑암의 땅에 홀로 거하게 되었습니다. 현재는 육신의 눈으로 보아 경험하지 못하는 것을 믿음의 눈으로 보아 더욱 간절하게 붙잡습니다. 그렇기에 유배지에 갇힌 주님의 제자, 계시록의 저자인 사도 요한은 "주의 날에 성령께 사로잡혀"(계 1:10) 외딴

밧모 섬에서 하늘의 성도들과 함께 하늘의 예배에 참여합니다. 그는 그리스도의 교회를 상징하는 일곱 촛대를 보고, 천사들의 회합(會合)을 상징하는 일곱 개의 별을 보며, 다른 무엇보다 부활하셔서 영광 중에 거하고 계신 인자의 아들이신 예수 그리스도를 보게 됩니다. 그분은 친히 요한을 위로하고 격려하십니다. 이들이야말로 이 세상에 흩어져 떠도는 성도들이 주님의 부활의 날에 참여하여 속하게 될 하늘의 회중들입니다.

다른 그리스도인 형제와 자매들의 존재는 믿는 자에게 비할 바 없는 기쁨이자 활력의 샘입니다. 옥에 갇힌 사도 바울은 목마른 간절함으로 그의 "믿음 안에서 참된 아들인"(딤전 1:2) 디모데에게 그가 죽기 전에 꼭 한 번 감옥에 찾아오라고 요청합니다. 그는 디모데를 다시 한 번 옆 자리에 두고 보기 원했던 것입니다. 사도 바울은 마지막으로 작별했을 때 디모데가 흘린 눈물을 가슴에 묻어 두었던 것이었습니다(딤후 1:4). 데살로니가의 성도들을 그리워하던 바울은 밤낮으로 간절히 기도하는 중에 그들의 얼굴을 '맞대어 본다' 했습니다(살전 3:10). 노안의 사도 요한은 종이와 먹으로 이야기하기보다는 얼굴과 얼굴을 맞대고 이야기해야 비로소 서로의 기쁨이 더 없이 충만해지리라는 것을 알고 있었습니다 (요이 12).

　믿음의 사람들은 자고로 다른 믿음의 형제와 자매들과 살을 맞대어 가까이 거하기를 간절히 사모하는 마음에 대해 너무 육적인 것을 중시한다고 부끄러워 할 이유가 없습니다. 인간은 육신으로 지어졌습니다. 그렇기에 하나님의 아들도 그런 인간들을 위해서 육신의 몸을 입고 이 땅에 오셔서 육신을 입고 부활하셨습니다. 성만찬을 통해서 믿는 자들은 그 육신 가운데 주 예수 그리스도를 영접하여 모십니다. 믿음으로 살다가 죽은 자가 다시 살아 일어나매 영과 육을 입은 하나님의 창조물들이 이루는 완전한 공동체가 이루어질 것입니다. 그렇기에 성도는 다른 성도와의 교제로 인해 창조주이시자 화해자이시고 또한 구속자이신 성부·성자·성령 하나님을 찬양하는 것입니다. 감옥에 갇히고, 병상에 누워 있고, 먼 곳으로 흩어져 외로이 살고 있는 그리스도인에게 찾아오는 믿음의 형제와 자매는 삼위일체 하나님의 자비로운 임재의 물리적 증거입니다. 찾아온 사람이나 맞이하는 사람이나 서로로 인해 외로움 가운데 찾아오셔서 두 사람의 만남 사이에 거하시는 그리스도를 뵙게 됩니다. 그들은 마치 주님을 뵈온 듯 상대를 높이고 자신을 낮추는 기쁨 속에 서로를 맞아들이게 됩니다. 그들은 주 예수 그리스도께서 친히 축복하시듯 서로의 축복을 받습니다. 두 사람이 만나는 이 작은 모임 가운데도 이러한 행복과 기쁨이 넘친다면, 하나님의 뜻에 따라 다른 믿음의 형제와 자매들과 함께 매일매일을 더불어 살아가는 삶 가운데는 어떤 행복과 기쁨이 마르지 않고 부요하게 흘러넘치는지요! 물론 고독 중에 홀로 거하는 사람이 하나님으로부터 받는 표현하지 못할 신령한 축복이 매일매일 그런 축복에 겨운 사람들에게서 잊히고 무시되는 것이 현실입니다. 하나님의 공동체는 그 분의 나라로부터 은혜로 주어지는 선물이기에 또한 어느 때이고 우리에게서 취해 가져가실 수 있는 것임을 쉽게 잊곤 합니다. 그러다가 깊고 깊은 처절한 고독을 완전히 잊고 지내온 시절이 어느 순간 끝나버릴 수 있음을 쉽게 잊곤 합니다. 그러므로 계속해서 다른 그리스도인 형제, 자매들과 더불어 살아가는 생활의 특권을 누려온 사람들은 하나님의 은혜에 마음 깊은 곳으로부터 흘러나오는 찬양으로 화답해야 합니다. 무릎을 꿇고 하나님께 감사하며, 오늘 이 순간에도 그리스도의 몸 된 공동체에 속해 살아가도록 허락해 주신 것이 전적으로 은혜임을 깨달아야 합니다.

하나님께서 지상의 교회 공동체를 통해 선물로 주시는 은혜의 방편은 다양합니다. 멀리 떨어져 외로이 지내는 어떤 이에게는 다른 형제가 잠깐 방문하여 함께 기도하고 그의 축복을 받는 것이 위로가 됩니다. 다른 형제가 친히 손으로 쓴 편지와 더불어 격려를 받기도 합니다. 사도 바울이 친히 쓴 편지에 담아 보낸 문안인사 속에 그런 모습이 엿보입니다 (고전 6:21, 갈 6:11, 살후 3:17 참조).

반면에 다른 어떤 이들은 주일에 함께 예배를 드리는 교회 공동체를 통해 은혜에 참여하기도 합니다. 또 믿는 가족들과 더불어 살아가는 특권 속에 그 은혜를 누리기도 합니다. 안수 받기 전까지 목회훈련 과정에 있는 신학생들은 졸업하기까지 신학교 동료들과 더불어 사는 기회를 갖게 됩니다. 어떤 신실한 성도들은 점심식사 이후 주어지는 오후의 짧은 휴식마저 하나님의 말씀 아래 더불어 사는 삶을 위해 다른 성도들과 모이기를 힘씁니다.[2]

말씀 아래 더불어 사는 삶이 그 자체로 은혜이고 성도의 삶에 "장미와 백합"마틴 루터이라는 인식이 요즘 들어 생겨나고 있습니다.

그리스도의 공동체란 예수 그리스도로 말미암아 예수 그리스도 안에 존재하는 공동체입니다. 즉, 그 이상도 그 이하도 아닙니다. 짧은 만남이든, 두 세 사람의 만남이든, 혹은 한 마을에서 평생을 동행하는 인연으로 이루어진 공동체이든, 그리스도의 공동체는 오직 그로 말미암아 그의 안에 존재하는 공동체입니다. 따라서 우리는 그의 안에서 서로가 서로에게 종이 됩니다.

이는 무슨 의미인가요? 첫째, 그리스도인 한 사람 한 사람은 예수 그리스도를 위하여 서로서로 필요로 하고 있다는 의미입니다. 둘째, 모든 그리스도인들은 오직 그

---

2 당시 오전 장사와 점심식사를 마치고 나서 대낮 동안 가게 문과 사무실 문을 닫고 휴식하며 낮잠을 자거나 차를 즐기는 것은 유럽 사회의 보편적인 문화였다. 가톨릭 교회는 이 시간에 종을 쳐서 기도 처소로 사람들을 모으곤 했다.

를 통해서만 서로와 연합할 수 있다는 의미입니다. 셋째, 영원 전부터 우리는 그분으로 말미암아 택한바 되고, 때가 되어 부름 받은바 되고, 영원까지 하나가 되었다는 의미입니다.

첫째로, 그리스도인이란 자신의 구원과 해방과 의義를 스스로에게서 찾지 아니하고 오직 예수 그리스도 안에서 찾는 사람들입니다. 그들은 스스로 아무 양심의 거리낌을 발견하지 못할 때조차 예수 그리스도 안에 주신 하나님의 말씀이 그들의 죄를 정죄할 뿐 아니라, 또한 스스로 아무 의로움을 발견하지 못할 때조차 그 말씀이 자신들을 향해 죄로부터 자유롭게 되고 의롭게 되었다고 선언하고 있음을 믿습니다. 이들은 더 이상 스스로를 정죄하고 의롭게 여기며 자신의 주관적 판단에 따라 살지 아니하고, 죄 있다 하고 의롭다 하시는 하나님의 판단에 따라 살아가는 자들입니다. 그들은 하나님께서 선언하신 말씀만을 전적으로 붙드는바, 죄 있다 하시든지 의롭다 하시든지 간에 그의 판단에 두 손 두 발 들고 순복하며 살아가는 자들입니다. 삶과 죽음을 판정하는 것은 이들 자신의 몫이 아닙니다. 그것은 저 다른 세상으로부터 떨어진 말씀, 즉 그들에게 임하시는 하나님 말씀의 몫입니다. 그래서 종교 개혁자들은 성도에게 덧입혀진 의의 본질에 대해 "생소한 의fremde gerechtigkeit", 즉 '바깥 세계에서 우리 세계로 들어온 의extra nos'라고 표현했습니다. 이렇게 표현한 것은 그리스도인은 그들에게 선포된 하나님의 말씀에 의존하는 자들임을 강조하기 위한 의도였습니다. 그리스도인은 그들에게 임하신 하나님의 말씀 앞에 그 모습이 드러나게 되어 있습니다. 그리고 예수 그리스도 안에 거하시는 하나님 말씀의 진리를 따라 살아가도록 부름 받았습니다. 그렇기에 "너의 구원과 축복과 의가 도대체 어디에서 나오느냐?"라는 질문을 받은 뒤에 그 답으로 결코 자기 자신을 가리킬 수 없는 것입니다. 대신 그들의 시선이 가장 멀리 닿을 수 있는 곳까지 하나님의 말씀을 바라보는 것입니다. 날마다 의에 주리고 목마르기에, 채우고 해갈해 주는 말씀을 날마다 바라는 것입니다. 이런 현상을 일으키는 원인은 다른 세계, 다른 존재에서 찾을 수밖에 없습니다. 인간 안에 발견되는 것은 절망과 죽음뿐입니다. 도움은 바깥에서 다가옵니다. 예수 그리스도 안에 있는 말씀으로부터 매일매일 새롭게 옵니다. 구속을, 의를, 순전함을, 그리고 천국의 복을 가지고 우리에게 찾아옵니다. 하나님은 이 말씀을 인간의 입에 넣어 주시고 다른 이들에게 전하라 하십니다. 하나님의 말씀에 깊이 감화받은 사람은 이를 다른 이들에게 전하게 됩니다. 하나님은 입을 벌려 증거하는 믿음의 증인들을 통해 살아계신 하나님의 말씀을 듣고 구원받도록 하셨습니다. 그러므로 그리스도인에게는 하나님의 말씀을 자신에게 전해 줄 다른 그리스도인들이 필요합니다. 자신의 힘으로 살아가는 인간은 진리를 부인하지 않으면 안 되기에, 그 마음이 의심으로 가득 차고 차가워지기에, 이때 그들에게 하나님의 말씀을 말해 줄 누군가를 필요로 합니다. 구원을 가져다주는 하늘의 말씀을 가져다가 선포해 줄 누군가를 필요로 합니다. 이는 오직 그리스도를 위한 것입니다. 말씀을 들어야 할 자들의 마음 가운데 거하시는 그리스도는 말씀을 전해줄 자들의 마음속에 거하시는 그리스도보다 연약해져 있기 때문입니다. 그들의 마음은 의심의 구름으로 흐린 하늘이나, 말씀을 전해줄 자들의 마음은 청명한 하늘이기 때문입니다. 이 같은 측면에서 그리스도의 이름으로 모이는 모든 공동체는 이 구원의 소식을 품고 찾아와 서로를 향해 만나는 모임이라 하겠습니다. 그래서 하나님은 그리스도인들로 서로와 만나게 하시고 공동체로 엮어 주셨습니다. 이 공동체는 오직 예수 그리스도와 "생소한 의"의 터 위에 세워집니다. 그러므로 오직 은혜로 인간이 의롭게 됨을 입는다고 외치는 성경말씀과 종교개혁의 선언에서 그리스도의 공동체는 그 움을 틉니다. 그리스도인들이 서로를 사모하는 마음은 오직 이 선언에 뿌리를 두고 있습니다.

둘째로, 모든 그리스도인은 오직 예수 그리스도를 통해서만 서로와 연합할 수 있습니다. 사람이 모여 사는 곳에는 분쟁이 있기 마련입니다. "그는 우리의 화평이시니…"(엡 2:14) 라고 사도 바울은 말하였습니다. 깨지고 갈라진 인류는 그리스도 안에서 하나로 연합됩니다. 그리스도가 없는 하나님과 인간 사이, 그리고 이웃과 이웃 사이에는 불협화음이 발생합니다. 그리스도는 하나님과 인간과 인간 사이를 화평케 하는 중재자로 오셨습니다. 그리스도가 없이 우리는 하나님을 알 수 없습니다. 하나님을 부를 수도, 하나님께 갈 수도 없습니다. 그 뿐만이 아닙니다. 그가 없이는 인간은 서로를 진정 알지도 못하고, 서로에게 다가가지도 못할 것입니다. 서로에게 이르는 길을 '다스 아이게네 이히das eigene Ich', 즉 '나'라는 자아의식이 가로막고 서 있기 때문입니다. 그리스도는 하나님과 서로에게 이르는 길을 열어 주셨습니다. 그리하여 그리스도인들은 화평 가운데 함께 살아가게 되었습니다. 서로를 사랑하며 섬기게 되었습니다. 하나가 되었습니다. 매일매일 이를 가능케 하시는 이는 오직 그리스도 한 분입니다. 오직 그리스도 안에서 우리는 하나가 됩니다. 오직 그로 말미암아 우리는 서로에게 붙들리게 됩니다. 예수 그리스도만이 참되고 유일한 중재자로 영원에서 영원까지 서 계실 것입니다.

셋째로, 하나님의 아들이 육신을 입었을 때 순전한 은혜로 인해 진실로, 그리고 문자적 의미 그대로 우리와 똑같은 인성人性을 지닌 참 인간으로 오셨습니다. 그리스도의 성육신은 영원 전부터 뜻하신 삼위일체 하나님의 섭리였습니다. 이제 우리는 그리스도 안에 거합니다. 그 분은 어디에 계시든지 육신의 옷을, 즉 우리들을 입고 계십니다. 그가 어디에 계시든지 그곳에서 우리도 함께 발견됩니다. 말구유 주위에, 십자가 위에, 그리고 부활하신 무덤 가에서 말입니다. 우리는 그의 안에 거하기 때문에 그에게 붙들려 있습니다. 이런 이유로 성경은 교회를 그리스도의 몸이라 칭하고 있습니다. 우리 자신이 알기 전부터, 또 원하기 전부터 예수의 몸 된 교회에 속하도록 부름 받았다는 것은 또한 다른 성도들과 함께 영원토록 그에게 소유된 바가 되었다는 뜻입니다. 그리스도의 공동체 속에서 살아가는 우리는 언젠가 영원한 공동체 속에서 그와 함께 살아가게 될 것입니다. 다른 그리스도인을 볼 때 마다 예수 그리스도 안에서 연합되어 영원히 함께 살아갈 자라는 인식을 가져야 합니다. 그리스도의 공동체란 예수 그리스도로 말미암아 예수 그리스도 안에 존재하는 공동체입니다. 더불어 사는 성도의 삶을 위해 성경이 제시하고 있는 모든 가르침과 훈계가 이 원리로부터 나오지 않은 것들이 하나도 없습니다.

"이제 형제 사랑에 대해서는 여러분에게 더 이상 쓸 필요가 없습니다. 이는 여러분 자신이 하나님께로부터 서로 사랑하라는 가르침을 받았기 때문입니다…그러나 형제들이여, 우리가 여러분에게 권면하는 것은 여러분이 더욱 풍성히 행하라는 것입니다"(살전 4:9-10).

하나님께서 친히 이러한 사랑을 가르치셨습니다. 하나님이 행하신 일에 인간이 보탤 수 있는 것이란 그저 이 신령한 가르침과 훈계를 기억하여 그 안에서 넘치도록 행하는 것입니다. 하나님께서 우리를 향해 긍휼을 베푸실 때부터, 그가 형제 된 자로서 예수 그리스도를 우리에게 드러내셨을 때부터, 그의 사랑으로 우리를 사로잡으셨을 때부터 그리스도인 형제와 자매들 사이의 사랑도 동시에 시작되었습니다. 하나님께서 우리에게 긍휼을 베푸실 때, 우리는 서로를 긍휼히 여기는 법을 배우게 됩니다. 정죄함 대신 용서를 받았을 때, 우리 역시 서로를 용서할 마음을 갖게 됩니다. 하나님께서 우리에게 베푸신 일들이 서로서로에게 갚아야 할 빚으로 남습니다. 따라서 그분께 더 많이 받으면 받을수록 서로에게 더 많이 주게 됩니다. 서로를 향한 사랑이 메말라간다는 것은 우리를 향한 하나님의 긍휼과 사랑이 메말라만 간다는 표시입니다. 그렇기에 하나님께서 예수 그리스도 안에서 친히 우리에게 찾아와 만나주신 것처럼 서로를 향해 찾아가 만나라고 가르치십니다. "그러므로 그리스도께서 하나님의 영광을 위해 우리를 받아 주신 것처럼 여러분도 서로 받으십시오"(롬 15:7).

그렇기에 하나님께서 다른 그리스도인들과 더불어 사는 삶으로 부르신 이들은 그들에게 형제와 자매들이 생겼다는 것이 무엇을 의미하는지 깨달아 가게 됩니다.

"주 안에서 형제와 자매된 자들…"(빌 1:14) 이라며 사도 바울은 그의 성도들을 부릅니다. 서로 남남이었던 사람들은 오직 예수 그리스도로 인하여 서로에게 형제와 자매가 됩니다. 그리스도께서 우리 자신을 위해, 그리고 우리 자신에게 행하신 일로 인해 우리는 누군가에게 형제 혹은 자매가 되고, 그들 또한 그의 행하신 공로로 인해 우리에게 형제와 자매가 됩니다. 우리가 오직 예수 그리스도로 말미암아 서로에게 형제가 되고 자매가 되었다는 진리가 갖는 의미의 무게는 이루 측량할 수 없습니다. 그렇기에, 누군가 나에게 찾아와서 진솔한 마음과 변치 않을 의리로 맹세하여 의형제를 맺는다고 해서 그가 나와 한 가족에 속한 형제가 되는 것이 아닙니다. 오직 그리스도로부터 죗값의 치름을 받고, 죄 사함을 받고, 그리고 믿음의 길과 영생으로 부름 받은 사람만이 진정한 나의 형제가 됩니다. 자칭 '그리스도인'이라 하는 사람들이 지닌 자기 성찰과 종교심이 그리스도에 의해 부름 받은 사람들이 이루는 공동체의 토대가 될 수 없습니다. 우리의 몸 된 공동체는 오로지 그리스도께서 우리에게 행하신 일의 토대 위에서만 세워집니다. 이 진리는 초대 교회의 형성에만 적용되기에 역사의 진행을 따라 다른 진리가 덧붙여질 여지를 남겨둔 진리가 아닌, 장차 다가올 미래의 모든 시점에서도 진리이며 영원까지 진리입니다. 저는 오직 그리스도로 말미암아 다른 이들과 몸 된 공동체를 이루고, 또 앞으로도 계속 그러하려 합니다. 우리의 공동체가 보다 더 순전해지고 보다 더 깊이를 더 해 갈수록 형제와 자매들 사이에 끼어 있는 다른 불순물들은 점점 벗겨져 나갈 것이기에, 마지막엔 그리스도 한 분과 그분께서 행하신 일만이 홀로 뚜렷이 남을 것입니다. 우리는 오직 그리스도로 말미암아 서로에게 붙잡혀 있습니다. 오직 그리스도로 말미암아 진실로 서로에게 붙잡혀 있습니다. 단 한 번의 돌이킴도 없이 영원토록 서로에게 속해 있습니다.

이 진리야말로 그리스도께서 행하신 일 외에 다른 무언가를 그리스도인들의 관계 사이에 끼어 넣으려 하는 모든 불순한 시도들을 그 싹부터 잘라 버립니다. 우리들 사이에 그리스도께서 이루신 것에 대해 다른 무언가를 추가로 구하는 사람은 그리스도의 공동체를 소망하는 사람이 아닙니다. 그들은 다른 곳에서 만족스럽게 누리지 못한 뭔가 색다른 경험을 맛보게 해 줄 그런 공동체를 바라는 사람들입니다. 그런 사람들은 그리스도의 몸 된 공동체를 어지럽고 얼룩진 자신들의 욕망으로 덧칠하려 합니다. 오늘 이 시대야말로 그리스도의 몸 된 공동체가 그 뿌리부터 썩어져 가는 초유의 위험에 빠져 있습니다. 그리스도의 몸 된 공동체를 자기 마음에 그리는 이상적인 종교 단체와 혼동하는 위험에 빠져 있고, 그리스도인 공동체의 영적인 실체를 인간에 내재된 공동체에 대한 절박한 갈망과 뒤섞어 버리는 위험에 빠져 있습니다. [3]

초대 교회의 탄생으로부터 그리스도의 몸 된 공동체에는 두 가지 핵심이 뚜렷하게 발견되었습니다. 첫째, 그리스도의 몸 된 공동체는 사상적 이상理想이 아닌 성스러운 실체라는 것입니다. 둘째, 그리스도의 몸 된 공동체는 인본적 실체가 아닌 신령한 실체, 즉 성령이 주관하시는 실체라는 것입니다. [4]

그리스도의 이름으로 모이는 교회 공동체들이 풍비박

---

3 머리말에서 본회퍼가 이 책을 쓸 당시의 역사적, 정치적 배경에 대해 간략히 밑그림을 그렸듯이, 그리스도 외에 다른 민족적 이상주의에 대한 동기를 섞어서 독일 국가를 하나님의 선택 받은 새로운 이스라엘 공동체로 신학화 하려 시도한 나치 정권 아래의 독일교회를 지적하고 있다. 다음 단락에서 이런 공동체를 '인본적 실체'라고 규정한다.

4 '인본적'으로 번역한 형용사는 '스쉬슈' 영어는 '싸이킥psychic'이고, '신령한'은 '뉴마틱pnuematic'이다. 본회퍼는 사도바울이 로마서 8:12-13절에서 '영'과 '육'을 비교, 대립시키는 구도를 빌리고 있다. 한글판 개역개정에서 '육'으로 번역한 그리스어 '사르크스'는 인간의 신체(그리스어 '소마')를 조종하는 인간의 본성을 뜻한다. NIV 영어번역 성경과 한글 쉬운 성경에서는 이 단어를 '육' 대신에 '죄의 본성'으로 번역하고 있다.

산 나는 셀 수 없는 사례들을 보면 저마다 자신이 생각하는 이상에 교회를 맞추려 하기 때문입니다. 열심히 믿는 사람들이 어떤 교회에 처음 출석하게 되면 대개 교회란 자고로 어떠해야 한다고 하는 나름의 주관을 들이대어 요구하며 그렇게 될 때까지 안절부절 못하는 것을 봅니다. 하지만 하나님의 은혜가 그런 인간의 모든 허상을 깨뜨려 버립니다. 하나님께서 그의 백성들을 참된 그리스도의 몸 된 공동체에 대한 이해로 이끌어 주실수록 교회를 자신의 이상 위에 세우려 하는 같은 교회 어느 누구 아무개에 대한 안타까움, 그런 교계 현실에 대한 안타까움, 그리고 특별한 은혜로 자신의 모습에 대한 안타까움에 사로잡히게 됩니다. 하나님은 그의 흠 없이 순전하신 은혜를 베푸사 단 몇 주간이라도 자기의 백성들이 그들의 이상에 사로잡혀 살도록 내버려 두지 않으시고, 몽환적이고 흥분된 상태의 종교적 경험이 그의 백성들을 파도처럼 덮쳐 휩쓰는 것을 좌시하지 않으십니다. 하나님은 감정으로 움직이시는 하나님이 아니시고 바로 진리의 하나님이시기 때문입니다. 자신들의 온갖 더럽고 추악한 모습에 대한 안타까움으로 진저리를 칠 때 하나님 보시기에 합당한 공동체가 되고, 그제야 비로소 믿음의 눈을 가지고 그들을 향한 하나님의 약속을 바라보게 됩니다. 안타까움에 가슴을 치는 시점이 빠르면 빠를수록 개개인과 공동체 모두에게 좋습니다. 하지만 여전히 허상에 빠져서 자신의 안타까운 모습을 인정하지 않고 끝까지 부인하는 교회 공동체는 자신들의 허상을 포기할 때가 되어서 회개하는 자들에게 주시기로 한 약속 또한 상실하게 됩니다. 그리고 곧 무너져 내리게 됩니다. 교회 공동체 가운데 들어온 모든 인본적 이상은 흠 없이 거룩한 공동체를 향해 나아가기 위해 반드시 제거되어야 할 걸림돌입니다. 하나님께서 주신 교회 공동체의 본질 자체보다 그것에 대한 자신의 이상을 더 사랑하는 자들은 비록 그 동기가 정직하고, 진심 어리고, 또 희생적이었다 할지라도 그리스도의 몸 된 교회를 파괴시키는 파괴자들일 뿐입니다.

이상을 꿈꾸는 사람은 스스로의 의에 가득 차게 되고 또 그렇게 보이려 하기 때문에 하나님은 허황된 인간의 이상을 싫어하십니다. 그들은 마치 하나님의 은혜에 자신과 다른 사람들의 힘을 더해 그들 생각 속에서 나온 이상적인 공동체를 이루려 합니다. 이러한 의욕을 앞세워 교회 공동체에 들어와서는 자신이 정한 원리를 잣대 삼아 다른 형제와 자매들을 판단하고, 심지어는 하나님까지도 판단하려 합니다. 꺾이지 않는 완고한 태도로 공동체에 속한 사람들을 정죄합니다. 마치 그들 자신이 그리스도의 몸 된 교회를 창조해 내는 듯, 마치 그들이 꿈꾸는 이상이 사람들을 하나로 묶어 주는 듯 행동합니다. 그러다가 자신들이 뜻하는 대로 공동체가 바뀌지 않으면 서슴지 않고 실패했다고 단정합니다. 그들의 이상이 어긋나 버리면 그 공동체는 산산조각 부서져 희망이 없다고 생각합니다. 그리고는 다른 형제와 자매들을 탓하고 하나님을 탓하며 결국은 절망 속에서 자신을 탓합니다. 이미 하나님께서 교회 공동체의 기초를 놓아주셨기 때문에, 그분께서 이미 서로서로를 예수 그리스도 안에서 하나로 묶어 주셨기 때문에, 우리는 자신의 것을 상대에게 요구하는 사람들이 아니라 하나님께서 주신 은혜를 감사함으로 받은 사람들로서 공동체의 삶 속에, 즉 말씀 아래 더불어 사는 삶 속에 거하게 됩니다. 우리는 하나님께서 우리를 위해 앞서 행하신 일로 인해 감사를 드리는 자들입니다. 우리는 하나님의 부르심과 죄 사하심과 약속을 따라 사는 다른 형제와 자매들을 주심에 감사하며 사는 자들입니다. 하나님께서 주시지 않은 것들로 인해 불평하는 자들이 아니요, 날마다 공급해 주시는 것들로 인해 감사하는 자들입니다. 이미 우리에게 주신 많은 것들로 족하지 않습니까? 우리와 함께 죄 가운데 거하면서도 하나님께서 주시는 축복의 은혜를 함께 바라는 자들로 족하지 않습니까? 어느 때를 막론하고, 특히 요즘과 같이 그리스도의 교회가 이러한 어려움과 환난에 처한 때에 이보다 더 훌륭한 하나님의 선물이 과연 어디 있겠습니까? 비록 죄와 오해로 인해 다른 사람들과 더불어 살아가는 것이 힘겹다 할지라도 그리스도의 말씀 아래 함께 서야 할 자들은 결국 다 같은 죄인들이 아니겠습니까? 다른 믿는 형제와 자매의 죄를 발견할 때가 예수 그리스도 안에서 우리를 용서하셔서 우리를 살게 하시는 하나님의 사랑에 새롭게 감사할 기회이지 않습니까? 그러므로 다른 형제와 자매가 범하는 죄에 대한 안타까움에 깊이 탄식하는 그 순간이야말로 우리 자신이 가장 온전해지는 순간이 아니겠습니까? 이때야말로 그도 우리 자신도 스스로의 말과 행함으로 살 수 없고, 다만 예수 그리스도 안에서 우리의 죄를 용서해 주시는 그 하나님의 말씀과 행하신 일에 다 같이 묶여 더불어 살아가는 것임을 철저히 가르쳐 주시는 순간이기 때문입니다. 이른 아침 안개 같은 우리의 허황된 이상이 걷힐 때 비로소 그리스도의 공동체 위에 밝은 날이 동 터올 것입니다.

그리스도인의 감사하는 삶의 원리가 공동체의 삶의 원리에도 동일하게 적용됩니다. 작은 것에도 감사하는 사람들은 더 큰 것도 받게 됩니다. 하나님께서 우리의 일상생활에 베풀어 주시는 소소한 것들에 감사하지 않으면 우리에게 주시려고 준비해 놓으신 더 좋은 신령한 선물들을 받지 못합니다. 그런 사람들은 날마다 주시는 신령한 깨달음과 경험, 그리고 사랑에 만족하지 않고 더 크고 위대한 것을 계속해서 구해야 한다고 생각합니다. 그렇기에 다른 사람들이 경험하는 보다 깊은 확신과 흔들림 없는 강한 믿음 그리고 위대한 영적인 체험 같은 것들이 자신에겐 없다는 불평이 생기는 것입니다. 심지어 이를 거룩한 불평이라고 치부하기도 합니다. 크고 위대한 것들을 놓고 간구하면서도, 매일매일 주시는 사소한, 그러나 실로 그렇지 않은 선물에 감사를 돌리는 것은 쉽게 잊곤 합니다. 하나님께서 친히 주시는 작은 것도 감사함으로 받지 못하는 자들에게 어떻게 크고 위대한 것을 맡기시겠습니까? 우리가 거하는 그리스도의 공동체로 인해 감사를 드리지 못한다면 — 더욱이 그 공동체 속에 아무 특별한 일도 일어나지 않고, 특출한 재력가 한 사람도 없는데다, 온통 연약하고 어려움에 처해 있고 믿음도 약한 사람들뿐인지라 우리 자신의 높은 기대에 못 미쳐도 한참 못 미치는, 한숨만 나오는 처참한 공동체의 모습으로 인해 감사는커녕 불평만 쏟아져 나온다면 — 예수 그리스도 안에 있는 모두를 위해 예비하신 분량과 부요함에 이르기까지 공동체가 자라도록 일하시는 하나님을 방해하는 것입니다. 이는 교회의 처한 현실에 대해 목회자들과 특심을 가진 성도들이 종종 불평을 터뜨릴 때도 마찬가지입니다. 목회자들은 외부인 앞에서 자신이 섬기는 교회에 대해 절대로 불평을 털어놓아서는 안 될 것입니다. 하나님께 불평하는 것도 안 될 법입니다. 하나님과 세상 사람들 앞에서 성도들을 고발하라고 목회자를 세운 것이 아닙니다. 자신이 섬기는 교회에 대한 기대와 소망을 잃고 쓴소리를 내기 시작하는 목회자가 있다면, 그들은 먼저 하나님이 산산이 깨뜨리실, 목회자 스스로가 가지고 있는 이상적인 교회의 모습에 따라서 그렇게 판단한 것은 아니었는지 먼저 확인해 보아야 합니다. 만약 그렇다는 것이 확인된다면, 내버려 두지 않으시고 굳이 간섭하셔서 그런 곤경에 처하게 하신 하나님께 감사드려야 할 것입니다. 그렇지 않다는 것이 확인될지라도, 하나님께서 친히 이루신 공동체를 힐난하는 자가 되지 않도록 스스로를 지켜야 할 것입니다. 도리어 믿음 없는 자신을 탓해야 하며, 그런 자신의 연약함과 은밀한 죄를 깨닫도록 간구해야 하며, 다른 형제와 자매들을 넘어뜨리지 않도록 기도해야 할 것입니다. 자신의 눈에 있는 대들보를 보게 된 목회자들이야말로 자신이 돌보아야 할 양들을 위해 중보할 수 있습니다. 그런 자들이 자신의 목회적 소임을 다하며 하나님께 감사할 수 있습니다.

성도의 성화聖化가 그렇듯이, 성도의 공동체 역시 사람이 그 소유권을 주장할 수 없는 하나님의 선물입니다. 오직 하나님 한 분만이 우리가 속한 공동체와 우리 자신의 성화의 실태를 아십니다. 우리에겐 연약하고 하찮아 보이는 것들이 그분께는 위대하고 영광스러운 것일 수 있습니다. 성도 한 사람이 지닌 영성의 맥박이 언제나 쉽게 잡히는 것이 아니듯이, 하나님께서 허락하신 공동체 역시 그 체온을 언제나 읽을 수 있는 것은 아닙니다. 우리에게 날마다 주시는 것들에 더 감사할수록, 공동체는 하나님께서 기뻐하시는 모습으로 보다 더 튼튼하고 꾸준하게 성장할 것입니다.

그리스도의 몸 된 공동체는 우리가 이루어나가야 할 어떤 이상이 아닙니다. 도리어 그리스도 안에 두신 하나님의 창조물이어서 우리는 다만 그것에 참여하는 것입니다. 그 토대와 능력과 약속이 오직 예수 그리스도 안에 있다는 것을 보다 분명하게 깨달을수록, 우리가 속한 공동체에 대해 보다 더 깊게 알고 기도하며 소망을 발견할 수 있을 것입니다.

성도의 공동체는 오직 예수 그리스도 한 분의 토대 위에 세워졌기에, 이는 영적 실체이지 인본적 실체가 아닙니다. 이것이 그리스도의 공동체가 다른 공동체들과 섞일 수 없는 차이를 가져다줍니다. 성경은 우리 마음에 예수 그리스도를 주이시며 구원자로 알려주시는 성령님에 의해서 창조된 것을 '뉴마틱', 즉 신령한 것으로 칭합니다. 반면 인간의 본성에서 나온 충동과 의지와 능력을 통틀어 '싸이킥', 즉 '인본적'이라 칭합니다.

모든 '뉴마틱'한 실체, 즉 신령한 실체의 근본 바탕은 예수 그리스도 안에 밝히 드러내신 하나님의 말씀입니다. 반대로, 모든 '싸이킥'한 실체, 즉 인본적인 실체의 근본 바탕은 인간 본성에서 나오는 깊은 암흑 속에 헤아릴 수 없는 충동과 욕망입니다. 신령한 공동체의 기초는 진리인 반면, 인본적인 공동체의 기초는 욕망입니다. 신령한 공동체의 본질은 빛입니다.

"곧 하나님은 빛이시니 하나님 안에는 어둠이 전혀 없습니다"(요일 1:5).

또 "우리가 빛 가운데 행하면 우리에게는 서로 사귐이 있습니다"(요일 1:7).

인본적인 공동체의 본질은 어둠입니다. "사람 속에서, 곧 사람의 마음에서 나오는 것은 악한 생각입니다"(막 7:21).

어두운 밤이 인간의 모든 행위의 근원을, 심지어 고결한 것을 위해 헌신하고자 하는 마음마저 뒤덮습니다. 신령한 공동체는 그리스도의 부르심에 응답하여 나온 사람들의 공동체입니다. 인본적인 공동체는 인간의 이상에 사로잡혀 나온 사람들의 공동체입니다. 신령한 공동체에 살아 숨 쉬는 것은 그리스인들이 서로를 위한 헌신 속에 발하는 빛 된 사랑인 '아가페agape'입니다. 자기중심적인 인간의 공동체에는 모양은 경건하나 속은 더러운 욕구로 점철된 어두운 사랑인 '에로스eros'가 활활 불타오르고 있습니다.[5]

신령한 공동체에는 조화로운 질서의 향연이 있는 반

면, 인본적인 공동체에는 자기만족을 뒤쫓는 무질서한 경쟁이 있습니다. 신령한 공동체에는 서로서로에게 복종하는 참된 겸손이 발견되는 반면, 인본적인 공동체에는 자신의 욕망을 충족시키기 위해 겸손의 탈을 쓴 오만한 복종이 발견됩니다. 신령한 공동체는 오직 하나님의 말씀으로 다스림을 받는 반면, 인본적인 공동체에서는 무소불유無所不有의 실권과 산전수전 다 겪은 경험과 능수능란한 정치술을 펼치는 특출한 개인이 하나님의 말씀을 이용하여 통치합니다. 한 공동체는 오직 하나님의 말씀으로 하나로 묶이고, 다른 공동체는 하나님의 말씀 외에 인간의 힘으로 결속합니다. 한 공동체에서는 모든 권세와 영광과 통치가 성령님에게 돌려지고, 다른 공동체에서는 인간의 권세와 영향력의 씨앗이 뿌려져 자라납니다. 그래도 그 겉모양은 경건한 사람들인지라, 지극히 높

---

5 사도 바울이 사용한 '영'과 '육'의 비교 대립을 사랑에 적용하여 신령한 사랑인 '아가페'와 인간적인 사랑인 '에로스'와 비교, 대립시키고 있다. 이러한 본회퍼의 사랑에 대한 이해는 스위스 신학자 칼 바르트Karl Barth의 《로마서 강해》에서도 찾아볼 수 있다. "뭔가를 늘 바라는 사랑은 '에로스'입니다. 아가페야말로 쉼 없이 사랑하는 사랑입니다" (롬 13:10에 대한 주석).

은 곳에 좌정하고 계시는 분을 섬긴다는 명목 하에 자신의 권세를 추구합니다. 그러다 결국은 성령님을 그 권좌에서 끌어내어 돌아올 수 없는 아주 머나먼 곳으로 쫓아내고는 스스로 그 권좌에 올라앉습니다.

그렇기에, 영적 공동체는 성령님이 다스리시나, 인본적 공동체는 인간의 심리적 조작과 기법이 다스립니다. 한 공동체에서는 복잡하지도 않고, 심리학적 접근을 쓰지 않고, 방법론적이지 않은 그저 서로의 필요를 채우는 순전한 사랑이 오고 갑니다. 다른 공동체에서는 심리학적인 분석과 기법들이 오고 갑니다. 한 공동체에서 서로를 향해 사심 없고 격의 없는 섬김이 이루어지는 반면, 다른 공동체에서는 호기심을 가지고 방문한 외부인에게 잘 보이기 위해 철저히 의도된 호의를 베풉니다.

이 두 공동체가 갖는 차이점은 이제 살펴볼 부분에서 가장 분명하게 드러나지 않나 싶습니다. 신령한 공동체에서는 결코 어떤 형태로든 상호간에 '나와 너Ich und Du'의 직접적인 관계가 맺어지지 않습니다.[6]

하지만, 자기중심적인 인본적 공동체에서는 마치 타

이성과 육체를 섞고 싶어 하는 성적 욕구와 같이 내면 깊은 곳에 깔린 타인과의 연합에 대한 인간의 바닥에 깔린 정서적 욕구로 인해 직접적인 '나와 너'의 관계가 맺어집니다. 이러한 인간 내면의 욕구는 '나와 너'의 완전하게 친밀한 유대감을 느끼고 싶어 하는바 사랑의 연합으로 그 욕구의 형태가 나타나든지, 아니면 이 인본적 공동체에서 언제나 똑같은 결론으로 귀결되듯이 '너'를 '나'의 권세와 영향력 안에 예속시키는 형태로 나타납니다. 그렇기에 인본적인 공동체야말로 바로 자기중심적이고 힘 있는 사람들이 약자들로부터 부러움과 선망과 두려움의 대상이 되는 맛으로 인생을 즐기는 그런 곳입니다. 인간적 유대와 상대를 휘어잡는 영향력과 예속이

---

6 '너'로 사용한 독일어 2인칭 대명사는 '두Du'로 가까운 사이의 상대를 지칭할 때 사용되며, 2인칭 존칭대명사인 '지Sie'와 구분된다. 오스트리아 출생의 유대인 철학자 마틴 부버Martin Buber, 1878~1965는 저서 《나와 너》에서 '나와 그것' 사이에 이루어지는 소유적/이용적 관계가 아닌 '나와 너' 사이에 이루어지는 인격적/대화적 만남을 통해 참된 삶과 세계가 구축된다는 실존적 세계관을 설파한다. "'너'와의 만남 가운데 한 사람은 비로소 '나'가 된다"마틴부버. 그리고 '너'와의 모든 참된 만남의 연장선은 결국 '영원한 너'와의 만남으로 귀착되는바, 영원자 하나님과의 직접적인 만남 가운데 인간은 비로소 궁극적인 참된 '나'가 되어 참된 삶을 누릴 수 있다.

전부인 곳이 인본적 공동체입니다. 그뿐이 아니라, 그리스도의 중재를 통해서 '나와 너'의 관계가 맺어진 공동체 본래의 고유한 특징들이 이 인간들로만 맺어진 공동체에서 변형되어서 나타나기도 합니다.

'감정적인' 거듭남의 경험이 그런 것입니다. 권위를 가진 한 사람이 의도적이든 그렇지 않든 개인이나 공동체의 깊은 부분을 마법의 주문으로 사로잡아 쥐어흔들 때 이런 경험이 일어나는데, 겉으로 드러나는 모양새가 참된 거듭남을 통해 일어나는 현상들과 똑같습니다. 한 사람이 그리스도 없이 다른 사람의 영혼에 직접적인 영향을 미치는 것입니다. 그 결과로 약한 사람은 그 권위자에게 사로잡히게 되고, 고유의 개체성을 상실한 채 그의 영향력 아래 들어가게 됩니다. 그는 자유롭지 못하고 제압된 것입니다. 이런 거듭남은 자신을 사로잡은 사람과 상관없는 것에 헌신하도록 요구되는 때에, 혹은 그에게 반反하는 것에 헌신하도록 요구되는 때에 분명하게 드러납니다. 바로 감정적인 거듭남이 실패하는 순간입니다. 성령님이 주관하시는 거듭남이 아닌 사람이 주관하는 거듭남이었음이 드러나는 순간입니다. 그렇기에 이런 거듭남은 끝까지 지속되지 못합니다.

또 이웃에 대한 단순한 '감정적인' 사랑도 마찬가지입니다. 그러한 사랑은 희생이 고함치는 소리를 거의 못 듣게 만드는 마력을 지니고 있으며, 자신의 목숨이라도 내어놓을 듯한 극성의 정도와 눈에 보이는 행태에 있어서 종종 그리스도의 참사랑마저 능가해 버리곤 합니다. 기독교적인 언어로 듣는 이를 사로잡아 뒤흔들어 놓는 온갖 달변을 늘어놓습니다. 그런데 사도 바울은 이렇게 이야기 합니다. "내가 만일 내가 가진 모든 것으로 남을 돕고 또 내 몸을 불사르게 내줄지라도" (고전 13:3) 즉, 지극정성의 헌신으로 더할 나위 없는 사랑을 실천한다 할지라도, "그리스도의 사랑이 없으면 나는 아무것도 아닙니다" (고전 13:2). 자기중심적인 사랑은 자기 자신을 위해 다른 이를 사랑하는 사랑입니다. 성령 충만한 사랑은 그리스도를 위해 상대를 사랑하는 사랑입니다. 그렇기에 인본적인 사랑은 상대와 직접적인 '나와 너'의 관계를 지향합니다. 이 사랑은 다른 이들을 자유한 존재로 사랑하는 것이 아니라 자신에게 예속된 존재로 사랑하는 사랑입니다. 원하는 것을 얻고 쟁취하기 위해 상대에게 압력을 가하면서까지 수단, 방법을 가리지 않는 사랑입니다. 감히 거부할 수 없도록 지배하는 사랑입니다. 자기중심적인 사랑은 진리에 대해 많은 고민을 하지 않는 사랑입니다. 진리를 상대적으로 만들어버려, 심지어 진리조차 자신과 자신이 사랑하는 상대와의 '나와 너'의 관계 사이에 끼어들지 못하게 만드는 사랑입니다. 감정적이고 자기중심적인 사랑은 함께 있을 누군가를 갈망하는 사랑입니다. 상대가 그 사랑을 돌려주기를 바라면서 상대를 섬기지 않는 사랑입니다. 오히려, 상대를 섬기고 있는 듯 보일 때조차 사실은 자신을 사랑해 주기를 바라는 그런 사랑입니다.

동전의 양면 같이 다른 듯 같은 두 요소가 성령 중심과 인간 중심의 사랑의 차이를 구분해 줍니다. 감정적이고 자기중심적인 사랑은 심지어 순전한 공동체로 거듭나기 위해 공동체가 흩어져야 할 때 마치 실패라도 한 듯 괴로워 견디지 못해 합니다. 그러한 사랑으로는 원수, 즉 그 사랑을 완고하게 거부하는 자를 사랑할 수 없습니다. 감정적인 사랑과 자기중심적인 사랑은 같은 우물에서 솟아난 물입니다. 감정적인 사랑은 결국 지극히 자연스러운 욕망, 즉 자신이 중심이 되는 공동체에 대한 욕망으로부터 표출되기 때문입니다. 이 욕망을 충족시키기 위해서라면 심지어 진리와 이웃마저 참되게 사랑하려 끝없이 애쓸 것입니다. 하지만 이런 사랑은 그 사랑을 거부하는 원수들로 인해서 도저히 그 욕망을 충족시킬 가망이 보이지 않을 때 그치게 됩니다. 그리고는 이내 증오와 멸시와 중상모략으로 둔갑합니다.

그러나 인본적인 사랑이 끝나는 곳에서 신령한 사랑이 시작됩니다. 그렇기에 상대에게 바라는 감정적이고 자기중심적인 사랑이 상대를 섬기는 순전하고 신령한 사랑과 충돌할 때 증오로 탈바꿈하는 것입니다. 자기중심적인 사랑은 결국 스스로에 의해 그 생명이 끝나는 것입니다. 그런 사랑은 숭배하는 어떤 성취물과 우상으로 스스로 변하여 그 아래 모든 것들을 꿇어 엎드리게 만듭니다. 즉 세상에 다른 어떤 것보다 자신을 소중히 여기고 가꾸며 사랑하는 사랑입니다. 그러나 신령한 사랑은 예수 그리스도로부터 솟아나, 오직 그분만을 섬깁니다. 예수 그리스도를 거치지 않고 맺어지는 '나와 너'의 관계가 불가능함을 아는 사랑입니다. '나와 너'의 관계 사이에 그리스도가 서 계십니다. 저에게는 감정적인 욕구에서 발생하는 통념적인 사랑에 바탕을 두고 타인을 사랑한다는 것이 무슨 의미인지에 대한 선견지명先見之明이 없습니다. 그러나 그리스도의 눈에는 증오와 저급한 이기심 정도로 비춰지 않을까 싶습니다. 사랑이 무엇인지에 대해 오직 그리스도만이 그의 말씀으로 가르쳐 주십니다. 사랑에 대한 내 나름의 사견과 근거가 어떻든지, 예수 그리스도께서 형제 사랑이 진실로 어떠해야 하는지 가르쳐 주실 것입니다. 그렇기에 신령한 사랑은 예수 그리스도 한분의 말씀 안에 묶여 있습니다. 그리스도께서 이 사랑을 위해 공동체를 돌아보아 세우라 명하시는 그곳에서 나는 그 일을 할 것입니다. 그리스도의 진리가 이 사랑을 위해 공동체를 흩으라고 명하시는 그곳에서 내 중심적인 사랑의 저항을 이겨내고 끝내 그 일을 하고 말 것입니다. 신령한 사랑은 바라는 사랑이 아닌 섬기는 사랑이기에 원수마저 형제와 자매로 사랑하는 사랑입니다. 이 사랑은 형제에게서 발원한 사랑도 혹은 원수에게서 발원한 사랑도 아닌 오직 그리스도와 그의 말씀으로부터 발원한 사랑입니다. 신령한 사랑은 위로부터 내리는 사랑이기에, 인간의 자기중심적이고 감정적인 사랑이 결코 헤아리지 못하는 사랑입니다. 이 사랑은 지상의 모든 사랑에게 있어 전혀 낯설고 새롭고 또한 수수께끼 같은 사랑입니다.

그리스도께서 '나와 너'의 관계 사이에 서 계시기에, 저는 그 분의 중재 없이는 어떤 누구와도 공동체를 이루지 않으렵니다. 그리스도께서 저에게 오직 당신으로만 말미암아 내가 구원을 받았다고 말씀해 주셨듯이, 다른 이들 역시 그로 말미암아서만 구원을 받을 것입니다. 이는 사랑이라는 이름으로 다른 이들을 조종하고 강요하고 지배하려는 내 자신의 모든 의도들을 버려야 한다는 의미이기도 합니다. '나'로부터 자유로운 '너'로서의 그들은 자신의 있는 모습 그대로, 그리스도께서 자신들과 같은 인간으로 오셔서 죽고 부활하셔서 자신들의 죄를 사하시고 영생을 예비해 주신 그 사랑의 대상으로서 사랑받기를 바라게 됩니다. 내가 그들을 나의 사랑으로 사랑하기 훨씬 오래전에 그리스도께서 그들에 대해 분명한 목적을 두고 사랑하셨기에, '그리스도의 것'이 될 그들의 자유를 인정할 수밖에 없습니다. 그들이 나와의 관계 속에 찾아올 때는 이미 그리스도에게 속한 자들로서 찾아와야 합니다. 우리는 오직 그리스도의 중재로만 서로에게 다가갈 수 있다는 견지입니다. 자기중심적인 사랑은 상대가 누구이고 또한 누구여야 하는지에 대한 자신이 원하는 형상을 만들어 세웁니다. 이는 상대의 목을 졸라 죽이는 행위입니다. 신령한 사랑은 그리스도의 시선 속에 잡힌 상대의 참 모습을 있는 그대로 인식하는 것입니다. 그의 참 모습은 바로 예수 그리스도께서 다듬으시고, 또 모든 인류를 그렇게 다듬기 원하시는 형상입니다.

그러므로 지금까지 살펴보았듯이 신령한 사랑은 그 모든 언어와 행실을 통해 상대를 그리스도에게 맡기는 사랑입니다. 이 사랑은 상대의 사소한 모든 것까지 속속들이 휘어잡거나 가혹할 정도로 간섭하여 괴롭게 만드는 사랑이 아닙니다. 또한 이상적이고 감정적인 열정과 흥분된 상태에서 기쁨을 구하는 사랑도 아닙니다. 도리어, 거짓 없는 하나님의 말씀을 가지고 상대에게 찾아가 그로 하여금 오래 두고 이 말씀과 교제하도록 홀로 두고 오는 사랑입니다. 기꺼이 상대를 나의 손에서 놓아주어, 그가 그리스도와 교제하도록 배려하는 사랑입니다. 그리스도께서 '나와 너'의 관계 위에 그어 놓으신 '너'의 영역을 존중해 주는 사랑이며, 오직 그리스도에 의해 서로에게 묶인 온전한 공동체를 발견하게 해 주는 사랑입니다. 이 신령한 사랑은 우리로 하여금 서로에게 그리스도에 대해 말하기 보다는, 그리스도에게 서로에 대해 말하게 하는 사랑입니다. 또한 서로에게 이르는 직통로는 언제나 그리스도에게 향하는 기도이며, 서로를 향한 사랑은 그리스도 안에 발견된 진리에 완전히 사로잡히는 것임을 알게 해 주는 사랑입니다. 이 신령한 사랑의 비밀을 깨달은 예수 그리스도의 제자 요한은 이렇게 말합니다.

"내 자녀들이 진리 안에서 행한다는 소식을 듣는 것보다 더 큰 기쁨이 없습니다"(요삼 4).

감정적인 사랑은 고삐가 풀린, 그리고 다시 그 고삐를 잡아 채울 수 없는 어두운 욕망으로 사는 사랑입니다. 신령한 사랑은 진리가 명하시는 섬김의 밝은 빛 속에 사는 사랑입니다. 자기중심적인 사랑은 종속과 속박과 강압으로 귀결됩니다. 신령한 사랑은 말씀 아래 자유를 창조합니다. 감정적인 사랑은 온실 속의 화초를 키웁니다. 신령한 사랑은 하나님이 그의 기뻐하시는 때를 따라 비와 폭풍과 태양 빛을 내리시는 활짝 열린 푸른 하늘을 향해 무럭무럭 자라는 열매를 키웁니다.

그리스도인들이 모여 더불어 생활하는 어떤 공동체든지 그 운명은 인간의 이상으로부터 하나님의 역사적 현실을 구분하고, 인본적인 공동체로부터 신령한 공동체를 구별하는 능력이 요구되는 때에 얼마나 제대로 갖추는가에 달려 있습니다. 그리스도의 몸 된 공동체의 삶과 죽음에 대한 문제는 이 차이점에 대해 냉철한 분별력을 갖추는 시점의 문제입니다. 달리 말하자면, 말씀 아래 더불어 사는 삶은 개별적인 운동이나 단체나 집단이나 협회의 형태를 취하는 것이 아닌, 하나이고one 거룩하고holy 보편적인universal 그리스도의 몸 된 교회의 한 부분으로써 그 모든 사역과 고난을 통해 몸 된 교회의 환난과 역경과 약속에 대한 동참하는 것으로 이해되어야 합니다. 학연이나 지연, 혹은 혈연 관계에 얽히지 말아야 할 모든 직분 선출 과정과 이와 관련된 모든 분열 증상은 그리스도의 몸 된 공동체를 위협하는 최대의 적입니다. 자기중심적인 사랑은 어떤 정치적 혹은 영적 지도자의 선출 과정이든지 언제나 자신을 개입시켜서 그 공동체의 영적 권위를 무너뜨리고, 교회에 미치는 지도 그룹의 영향력을 도둑질하고, 결국 온 교회를 산산조각 내 놓습니다. 더불어 사는 매일의 삶 속에서 연약하고 보잘 것 없고 쓸모없어 보이는 사람들을 소외시킴으로 그리스도를 소외시킵니다. 그리스도는 바로 연약한 형제와 자매들의 집에 찾아가 문을 두드리는 분이시기 때문입니다. 그러기에 이런 일이 일어나지 않도록 깨어 있어야 할 것입니다.[7]

영적 공동체와 인본적 공동체에 대한 분별력이 없는 사람은 혼인, 혈연 혹은 친분 등으로 관계가 얽히고설킨 공동체에서야말로 어떤 곳보다도 이상과 현실이 뒤섞이

고, 인본주의와 신본주의神本主義가 뒤섞여 있다고 생각할
것입니다. 이렇게 뒤섞인 공동체의 중심을 차지하고 있
는 것은 바로 자기중심적 요소들이며 신령한 것은 그저
곁들여져 그 주의를 둘러싸고 있을 뿐입니다. 그래서 복
잡한 공동체에서는 두 영역이 무분별하게 섞이는 일이
발생하는 반면, 그 본질이 순수하게 영적인 공동체는 이
러한 위험으로부터 자유롭다고 생각합니다. 하지만 이
러한 생각은 망상입니다. 우리의 경험이 말해주고, 세상
돌아가는 이치가 말해주듯 진실은 그와 정반대입니다.

---

7 연약한 자들을 소외시키고 경멸하는 사회 현상에 대한 본회퍼의 민감한 관
심과 반응은 시대적 배경에 대한 이해와 함께 그의 그리스도론에 대한 이해
를 통해 수긍된다. 당시 나치 사회당 정권의 지배하에 있던 독일은 '아리안
Aryan 순혈주의'의 깃발 아래 열성劣性인간을 지상에서 제거하여 우성優性 인
간의 세상을 건설하는 것을 선택받은 자신들의 지상 과제로 삼았다. 유대인
을 그리스도를 못 박은 대표적인 열성민족으로 지목하여 대량 살육한 '홀로
코스트holocaust'가 대표적인 예다. 이 아리안 이상주의가 독일 교회에 영향
을 미친 대표적인 예는 소위 '아리안 단락Aryan paragraph'이라 하여, 아리안인
이 아니거나 아리안인과 결혼하지 않은 사람은 독일 교회의 사역자로 고용될
수 없다는 조항을 담고 있다. 이 악법에 대항하여 선언된 '벧엘 고백The Bethel
Confession'에는 본회퍼가 직접 작성한 '단락' 하나가 통째로 포함되어 있다.
연약한 자들을 자기와 동일시하는 예수의 성육신을 그리스도론의 중심에 놓
은 본회퍼의 신학적 입장에서(마 25:31-46 참조) 나치당과 그 우두머리인 히틀러
는 예수를 계속해서 못 박는 살인자들이었던 것이다.

공동체를 유지하기 위한 혼인 관계나 혈연 관계, 혹은 친분 관계의 결속력은 그 힘이 미칠 수 있는 한계선이 분명히 그어져 있습니다. 그리고 건강한 공동체라면 자기중심적인 요소가 끝나고 동시에 신령한 요소가 시작되는 그 한계선을 인식하지 못할 리가 없습니다. 혈과 육으로 맺어진 공동체와 성령으로 창조된 공동체의 차이점을 인식할 수 있기 때문입니다. 이와 반대로 순수하게 영적인 공동체가 이루어질 때는 자기중심적인 요소와 관련된 모든 위험들이 주변에 도사리고 있다가 공동체 안에 들어와 섞여 버릴 것입니다. 순수하게 영적이기만 한 공동체 생활은 위험할 뿐 아니라 정상적이지도 않습니다. 이런 공동체는 혈연 관계로 맺어진 공동체나, 공동의 목적을 이루기 위해 결성된 공동체나, 혹은 생존을 위해 노동하는 일상의 생활 공동체와 함께 섞이지 않도록 각별한 주의를 기울이며 경계선을 분명하게 긋기 위해 노력합니다. 우리의 많은 경험이 말해주듯, 그렇기에 단기간의 수련회야말로 인간의 자기중심성이 자라기에 가장 적합한 기회입니다. 단 며칠 동안 함께 지내는 수련회 기간만큼 공동체가 주는 더 없는 희열을 만끽하기에 좋은 기회는 없습니다. 게다가 그리스도의 공동체 안에서 하루하루 영위하는 건강하고 알찬 생활을 해치기에 이보다 더 치명적인 위협도 없습니다.

어떤 그리스도인들도 평생에 단 한 번이라도 참된 그리스도의 몸 된 공동체를 통해 얻는, 구름 위를 걷는 듯한 더 없이 행복한 경험을 하나님으로부터 선물 받지 않은 사람은 아마 없을 것입니다. 하지만 이 세상에서 맛보는 그런 경험들은 더도 덜도 아닌, 바로 더불어 살아가는 생활 가운데 날마다 주시는 일용할 양식 위에 더해 주시는 특별한 은총입니다. 그렇기에 우리에게는 이 특별한 선물을 주장할 권리가 없으며, 또한 이러한 경험을 얻기 위해 다른 그리스도인들과 더불어 살아가는 것도 아닙니다. 서로서로를 묶어주는 힘은 공동체를 통해 얻는 경험 자체가 아니라, 바로 그 공동체 안에 보존되어 있는 흔들림 없는 단단한 믿음입니다. 우리는 오직 믿음으로 하나님의 최고 선물을 굳게 붙들고 있기에, 이 믿음을 보시고 하나님은 그 마음에 기뻐하시는 대로 우리 모두를 위해 행하십니다. 그러면 우리는 기쁨과 행복하게 되고, 하나님께서 공동체를 통해 맛보는 특별한 경험을 얼마동안 주시지 않는다고 해도 그것에 목매지 않게 됩니다. 우리를 묶어주는 것은 경험이 아닙니다. 그것은 진실한 믿음입니다.

"형제가 함께 한마음으로 사는 것이 얼마나 선하고 얼마나 보기 좋은가!"^(시 133:1). 말씀 아래 더불어 사는 삶에 대해 성경이 감탄하는 소리를 들어보십시오. 그리고 이제 우리는 '한마음으로'라는 말의 정확한 의미를 이해하고 있기에, "형제가 그리스도로 말미암아 한마음으로 사는 것이"라고 비로소 풀어 말할 수 있게 되었습니다. 예수 그리스도만이 우리를 하나 되게 하시기 때문입니다

"그리스도는 우리의 화평이십니다"^(엡 2:14). 오직 예수 그리스도로 말미암아 우리는 서로에게 이르게 되었고, 오직 그로 말미암아 서로로 인하여 기뻐하게 되었고, 오직 그로 말미암아 서로와 공동체로 맺어졌습니다. 오직 그로 말미암아.

Dietrich Bonhoeffer
Dietrich Bonhoeffer
Dietrich Bonhoeffer
Dietrich Bonhoeffer

2장

더불어 사는
하루에 대한 묵상

LIFE TOGETHER

아침에 당신에게 찬송을 드립니다.
저녁에 당신에게 기도를 올립니다.
천한 노래로 당신의 영광을 흠모합니다.
지금부터 영원무궁토록, 우리 하나님께.[8]

"그리스도의 말씀이 여러분 안에 풍성히 거하게 하십
시오"(골 3:16). 구약 시대 이스라엘 사람들에게 하루라 함
은 저녁부터 시작하여 다음 날 해질녘까지였습니다. 그
들에게 하루의 의미는 곧 '기대'였습니다. 신약 시대 하
나님의 백성들에게 하루라 함은 이른 아침 해가 뜰 때부

---

8 성 암브로시우스St. Ambroseius의 찬미시 〈오, 황홀한 빛〉.

터 다음 날 새벽 미명까지였습니다. 그들에게 하루의 의미는 기대의 '성취', 즉 주님의 부활이었습니다. 그리스도는 한밤중에 어둠을 비치는 빛으로 태어나셨고, 그가 고난당하고 십자가 위에서 죽으셨을 때는 정오의 대낮이 깜깜한 밤으로 변했습니다. 그러나 그리스도께서는 부활의 이른 아침에 영광스런 모습으로 무덤에서 일어나셨습니다.

"새벽 여명이 채 하늘을 덮기 전에 / 보라 나의 구원자 그리스도께서 일어나시도다. / 그가 우리를 둘러싼 죄의 밤을 몰아내시고, / 기쁨과 생명의 빛을 가져오시도다. / 할렐루야!"[9]

개혁주의 교회는 노래하였습니다. 그리스도는 그를 기다리는 무리들의 머리 위로 떠오른 '의의 태양'(말 4:2)이시고, 그를 사랑하는 자는 해가 힘차게 돋음 같이 될 것입니다(삿 5:31). 이른 아침이야말로 부활하신 주님의 몸

---

9 요한 히어만Johan Heermann이 작곡한 루터교의 부활절 찬송가.

된 교회를 위한 시간입니다. 새벽 미명의 동이 터 올 때마다 교회는 그날 아침, 죽음과 사단과 죄가 다 엎드려 굴복하고 새 생명과 구원의 빛이 인류에게 비친 그날 아침을 기억하는 것입니다.

환한 전등 아래 더 이상 깜깜한 밤의 어둠 속에서 무서워 벌벌 떨지 않아도 되는 우리가 과연 믿음의 선조들과 초대 교인들이 매일 아침 어김없이 찾아오는 여명을 보며 느꼈을 엄청난 환희를 헤아리고 있을까요? 이른 아침에 삼위일체 하나님께 드려지는 찬송과 찬미를 진정으로 음미한다는 것은 밤이 다 지난 후에 찾아오는 기쁨을 음미하기 시작했다는 뜻이며, 함께 어둔 밤을 견딘 자들이 이른 아침에 다 같이 모여 하나님을 찬양하고 그 말씀을 들으며 함께 기도하는 것이 과연 어떤 경험인지 헤아리기 시작했다는 뜻일 것입니다. 이 기쁨 속에 어둔 밤 동안 우리의 생명을 지켜 보호하시다가 새로운 날의 시작과 함께 깨워 주시는 창조주 성부 하나님을, 우리를 위해 죽음과 지옥을 쳐부수시고 전승자戰勝者로 우리 가운데 거하시는 성자 하나님을, 이른 아침에 빛 되신 하나님의 말씀을 부어주사 우리의 마음에 자리한 모든 어둠과 죄를 몰아내어 주시고, 바르게 기도하도록 가르쳐 주시는 성령 하나님을 새롭게 알아간다는 뜻일 것입니다.

아침은 개인의 영역에 속해 있지 않습니다. 아침은 삼위일체 하나님께 속한 모든 교회에 속한 것이며, 더불어 살아가는 그리스도인들의 생활 공동체에 속한 것이며, 또한 형제단들에 속한 것입니다. 이른 아침에 다 함께 하나님을 찬양하도록 예배 공동체를 불러 깨우는 초대 교회의 찬송가들은 이루 헤아릴 수 없을 정도로 많습니다. 보헤미안 형제단[10]이 떠오르는 해와 함께 불렀던 노래를 들어보십시오.

─────────

10 보헤미안 형제단Bohemian Brotheren: 15세기 체코 보헤미아 지방에서 처음 결성되어, 세속에 물들지 않는 단순한 생활에 기반한 경건주의적 영성을 추구하며 급속하게 성장했다. 가톨릭 교회의 박해를 받아 흩어진 중에 모라비아 지역에서 재결속, 후에 '모라비안 형제단'이라는 이름으로 보다 널리 알려진다. 17세기 '30년 전쟁' 당시 로마 가톨릭 교회의 박해로 다시 사방으로 흩어졌다. 1730년대 세계 선교에 커다란 도전을 받은 진젠도르프에 의해 소극적인 개인 경건 생활에서 적극적인 세계 선교로 방향의 대변환이 이루어지고, '주님께 사랑을, 잃어버린 자들을 향하여 사랑을'이라는 구호 아래 60인의 모임마다 선교사 한 명을 외지로 파견한다. 이 형제단 앞에는 개신교 최초의 대규모 선교사 파송, 개신교 최초의 범세계적 선교사 파송, 개신교 최초의 평신도 선교사 파송, 개신교 최초의 노예 사역 등의 '최초'라는 수식어가 붙게 되었다.

"이제 밝은 낮이 어두운 밤을 몰아내니

형제들이여, 깨어 일어나자.

진실한 마음으로 주님께 찬양을 드리고

우리 안에 새기신 하나님의 형상으로 만족하며

주님이 행하신 놀라운 일들을 힘차게 전하자.

광명한 빛이 만방에 비추니

오 형제들이여, 주님을 찬양하자.

그의 은혜와 자비가 우리를 지켜 보호하시니

우리가 잠든 사이에도 지키셨구나.

새롭게 창조된 이 날을 누리자.

우리가 가난한 순례자의 길을 가는 동안

곁에서 도우시고 인도하시니

악마가 우리를 결코 헤하지 못하리라.

밝은 낮의 빛이 비추어오니

오 형제들이여, 감사를 드리자

지난 밤 동안 우리를 지키신 미쁘신 하나님께.

그의 은혜는 모든 환난 가운데서도 우리를 지켜 서 계

시는도다. 당신께 우리를 드리오니,

우리의 소망도 언어도 행함도 다 진실되어라.

당신과 한마음 된 우리를 인도하소서.

당신 안에서 우리의 행함이 정녕 복될 것입니다."[11]

말씀 아래 더불어 사는 삶은 함께 예배드리는 이른 아침부터 시작됩니다. 찬양과 감사를 드리고 성경을 읽고, 기도하기 위해 모이는 공동체가 바로 말씀 아래 더불어 사는 공동체입니다.[12]

아침의 고요한 침묵을 깨는 첫소리는 예배 공동체가 드리는 기도와 노랫소리입니다. 침묵의 밤과 새벽의 끝을 알리는 찬송과 하나님의 말씀은 더 없이 청명한 소리로 울려납니다. 그렇기에 새로운 하루의 첫 번째 생각과 언어는 하나님께 드려진 것이라 성경이 우리에게 말씀합

---

11 독일 찬송집 《새노래》제276번.

12 본회퍼의 인도 아래 휜켄발데 신학교의 기숙사에서는 매일 아침 30분 동안 예배가 진행되어 시편과 구약과 신약 본문을 읽고, 이후 30분 동안은 각자의 방에서 읽은 말씀에 대해 묵상하는 시간을 가졌다. 매주 토요일 아침에는 함께 모여 서로의 기도제목을 나누면서 공동의 묵상 시간을 가졌다. 학장이었던 본회퍼가 신학교를 가톨릭교회의 수도원처럼 변모시키려 한다는 소문이 나돌 정도로 그의 공동체적 실험은 '개인'을 강조하는 개신교 전통에서 자란 신학생들에게 신선하면서도 불편한 경험이었다.

니다.

　　"여호와여, 주께서 아침마다 내 목소리를 들으시니
　　아침에 내 간구를 주께 아뢰고 주의 응답을 기다립니
　　다" (시 5:3).

　　"아침에 내 기도가 주 앞을 막아설 것입니다" (시 88:13).

　　"오 하나님이여, 내 마음이 정해졌습니다. 내 마음이
　　정해졌습니다. 내가 내 마음을 다해 노래하고 찬양하
　　겠습니다. 내 영혼아, 깨어라! 하프와 수금아, 깨어라!
　　내가 새벽을 깨우리라" (시 57:7-8).

　　새벽녘 동이 터오르자 시편 기자는 하나님을 갈망하다
목이 마르게 되었습니다.

　　"내가 동트기 전에 일어나 부르짖었으며 주의 말씀을
　　믿었습니다" (시 119:147).

　　"오 하나님이여, 주는 내 하나님이시니 내가 주를 간
　　절하게 찾습니다. 물이 없어 메마르고 지친 땅에서
　　내 영혼이 주를 목말라하며 내 육체가 주를 간절히
　　바랍니다" (시 63:1).

솔로몬의 지혜서는 말합니다.

"그러므로 주님께 감사를 드리기 위해서 우리는 해뜨기 전에 일어나 동이 트기 전에 주님께 기도해야 한다는 것을 알게 되었습니다"(지혜서 16:28, 공동번역).

집회서는 율법을 연구하는 사람에 대해 이렇게 말합니다.

"아침에 일어나면서 마음을 모두 모아 창조주이신 주님께 생각을 돌리고 지극히 높으신 분께 온 마음을 바친다"(집회서 39:5, 공동번역).

성경은 또한 아침이야말로 하나님의 특별하신 도움이 임하는 때라고 가르치며, 하나님의 성城에 대해 이렇게 말씀합니다.

"하나님께서 그 성 안에 계셔서 성이 흔들리지 않을 것이니 이것은 이른 아침에 하나님께서 도우시기 때문입니다"(시 46:5).

그리고 하나님의 축복에 대해 이렇게 말씀합니다.

"그것들이 아침마다 새롭고 주의 신실하심이 큽니다"(애 3:23).

그리스도인들에게 있어 하루의 시작은 그날에 벌어질 여러 신경 쓸 일들에 사로잡혀 함몰되어서는 안 될 것입니다. 주님은 새날을 창조하신 분이시기에 자신의 창조물 위에 서 계십니다. 꿈과 함께 나타나는 밤의 모든 암흑과 혼돈은 주님께서 청명한 빛과 함께 오셔서 우리를 깨우실 때 사라져 버립니다. 마음의 모든 분주함과 복잡함, 그리고 모든 근심과 걱정은 그의 앞에서 사라지게 됩니다. 그러므로 이른 아침 시간에 우리 안에 일어나는 갖가지 상념들과 그로부터 나오는 언어들을 침묵시키고, 우리의 전 생애를 소유하신 하나님께 첫 생각과 첫 언어를 드림이 마땅합니다.

"잠자는 사람이여, 깨어나라. 죽은 사람 가운데서 일어나라. 그리스도께서 네게 비춰시리라" (엡 5:14).

성경에는 이른 아침에 하나님을 찾아 그의 말씀하신 바를 행하는 여러 사람들의 삶이 곳곳에 기록되어 눈에 쉽게 드러납니다. 예를 들면, 아브라함 (창 19:27)과 야곱 (창 22:3), 모세 (출 8:20, 9:13, 24:4) 그리고 여호수아 같은 사람들입니다 (수 3:1, 6:12). 필요 이상의 말은 기록하고 있지 않은 마가복음서는 예수에 대해 이렇게 말씀합니다.

"매우 이른 새벽 아직 어둑어둑할 때 예수께서 일어나 외딴 곳으로 가셔서 기도하셨습니다"(막 1:35).

세상에는 고민과 걱정으로 인해 일찍 일어나는 사람들이 더러 있습니다. 성경은 그러한 이들을 가리켜, "너희가 일찍 일어나는 것도, …고생해서 얻은 것을 먹는 것도 헛되다"(시 127:2) 말씀합니다. 반면 하나님을 사랑하여 일찍 일어나 행하는 습관들도 있습니다. 바로 성경에 기록된 사람들의 삶에 배어 있던 습관들입니다.

성경 읽기와 찬송, 그리고 기도는 매일 아침 함께 드리는 예배에서 없어서는 안 될 순서들입니다. 물론 매일 아침에 드리는 예배의 형식은 각 공동체마다 다를 것입니다. 이런 현상은 지극히 당연한 것입니다. 여러 사람이 더불어 살아가는 공동체에 만약 어린 아이들이 포함되어 있다면, 이 공동체가 드리는 예배는 신학생들이 모여 드리는 예배와 그 모습이 다를 것입니다. 한 공동체가 다른 공동체와 똑같아지는 것은 결코 바람직하지 않습니다. 예를 들어, 신학교의 학생회가 드리는 아침 예배가 어린 아이들과 함께 드리는 가족 예배와 같다면 뭔가 부족함이 느껴질 것입니다. 하지만, 성경말씀과 찬송가 그리고 합심 기도는 한 공동체에서 드리는 매일의 예배에 없어서는 안 될 요소들입니다. 지금부터 이 세 가지에 대해 각각 차례로 이야기해 보려 합니다.

"여러분은 시로 서로 화답하고"(엡 5:19) "모든 지혜로 서로 가르치고 권면하며 시를 부르십시오"(골 3:16) 초대 교회로부터 시편을 이용해 함께 기도하는 것은 교회생활에서 중요한 부분을 차지해 왔습니다. 오늘날에도 여러 교회에서 시편 말씀으로 매일 드리는 예배를 시작하는 것으로 알고 있습니다. 비록 그 방법론에서는 잃어버린 것들이 많다고 하여도, 지금이라도 시편을 이용한 기도의 의미와 가치를 되찾아야 할 것입니다. 시편은 신약, 구약성경 전체에서 매우 특별한 위치를 차지하고 있습니다. 하나님의 말씀이면서도, 동시에 거의가 우리의 기도이기도 합니다. 이를 어떻게 이해하고 받아들여야 할까요? 어떻게 하나님으로부터 내려온 말씀이 또한 동시에 하나님께 이르는 기도가 될 수 있을까요? 이 질문에 대한 답을 구하기 위해 시편을 가지고 기도하는 사람들을 관찰해 보려 합니다.

처음에는, 시편을 가지고 기도하는 사람은 시편에 적힌 기도가 마치 자신의 기도인 듯 계속해서 따라 읽을 것입니다. 그러다 곧 시편 본문에 적힌 기도가 자신의 기도라고 보기에 좀 거리가 있다 싶으면 다른 시편들을 이리저리 훑어 넘겨볼 것입니다. 예를 들어, 자신의 결백을 호소하는 시편이나, 원수에 대한 복수를 바라는 시편, 혹은 고난 받는 상황에서 울부짖는 시편이 펼쳐졌을 때가 그렇습니다. 그럼에도 불구하고, 시편에 기록된 기도들은 하나같이 엄연히 성경에 기록된 하나님의 말씀이기에, 믿음을 지닌 성도라면 그저 고등 종교의 발달 과정에서 태아 단계에 속한 쓸모없는 구시대적인 것으로 치부해 버릴 수 없는 법입니다.[13]

그래서 성경에 기록된 말씀을 자신의 편의에 따라 이용할 수는 없고, 그렇다고 이 시편들을 가지고 기도할 수도 없는 노릇이 됩니다. 대신 다른 사람의 기도로써 읽고 들으며, 호기심을 가지기도 하며, 마음이 불편해지기도하고, 이 시편들을 가지고 기도할 수도 없고, 그렇다고 성경에서 찢어낼 수도 없는 노릇입니다. 이런 난감한 상황에 처한 사람들에게 내려줄 수 있는 현실적인 처방은, 우선은 그들이 이해할 수 있고 따라서 기도할 수 있는 시편들부터 펼쳐놓고 기도하라는 것입니다. 그리고 그 나머지 시편들을 읽을 때는 잘 이해가 안 가고 어려운 부분은 대충 넘어가면서 쉽게 와 닿고 이해할 수 있는 부분에 집중하라는 것입니다. 그런데 시편을 가지고 기도하면서 만나는 어려움들이야말로 실제로는 시편의 비밀에 접근할 수 있는 비밀의 문입니다. 내 입술에서 기도로 묻어나기 힘든 시편, 고개를 갸웃거리게 만들고 마음을 불편하게 만드는 시편, 그리고 내가 아닌 다른 누군가가 기도하고 있는 듯한 시편에서 자신의 죄 없음을 주장하고, 하나님의 심판을 간구하며, 헤아릴길 없는 심연의 고통에 처해 있는 사람은 다른 누구도 아닌 바로 예수 그리스도 그분이십니다. 여기서 기도하고 있는 이가 그분이십

---

13 나치즘의 반유대주의 정책에 편승하여 구약 성경에 채색된 유대교적 색채를 미성숙하고 부족 중심의 지엽적인 초기 종교적 특징으로 평가절하하는 독일 나치 신학자들의 성서 해석이 뒤따랐다.

니다. 아니, 여기서 뿐 아니라 전 시편에서 기도하고 계시는 이가 그분이십니다. 신약 성경과 교회는 이 진실을 늘 인식하여 증거해 왔습니다. 인간이 겪는 고뇌와 질병 그리고 고난을 동일하게 겪으시나, 죄는 없으시고 의로우신 분인 예수 그리스도가 그의 몸 된 교회의 입술을 통해 시편에서 기도하고 계십니다. 시편은 진실로, 진실로 예수 그리스도의 기도문입니다. 그분은 시편으로 기도하셨고, 지금까지 기도하고 계십니다. 만약 그리스도께서 기도 중에 우리와 시편에서 만나시는 거라면, 어떻게 시편에 기록된 말씀이 하나님을 향한 인간의 기도인 동시에 하나님으로부터 인간에게 온 하나님의 말씀이 되는지에 대한 설명이 되는 걸까요? 예수 그리스도는 그의 몸 된 교회 가운데 계시면서 시편으로 기도하십니다. 그의 몸 된 교회도 기도하며, 각 성도들도 기도합니다. 하지만 그리스도께서 그들 가운데 기도하시기에 기도할 수 있습니다. 그들의 이름으로 기도하는 것이 아니라, 예수 그리스도의 이름으로 기도하는 것입니다. 마음 깊은 곳에서 터져 나오는 인간적인 무엇으로부터 기도하는 것이 아니라, 예수 그리스도에 의해 덧입혀진 새로운 인성人性으로부터 기도합니다. 인성을 지니신 예수 그리스도가 드리는 기도의 반석 위에서 기도합니다. 이 바탕 위에서 하나님을 향한 기도와 하나님으로부터 내려오는 약속이 만납니다. 그리스도께서 그에게 속한 사람들과 교회와 더불어 하나님의 보좌 앞에서 시편 말씀으로 기도하시기에, 아니 그보다는 교회와 성도들이 시편을 가지고 기도하면서 예수 그리스도의 기도에 동참하므로, 그 기도가 하나님의 귀에 이르게 되는 것입니다. 그리스도는 교회와 그 성도들을 위한 중보자이십니다.

시편은 그의 몸 된 교회를 위한 그리스도의 대리적인 기도입니다. 이제 그리스도는 하늘의 아버지와 함께 계시므로, 부활하신 그리스도의 새로워진 육신인 지상의 교회는 세상 끝날까지 그의 기도 속에서 끝없이 기도합니다. 기도는 개인에게 주신 것이 아니라 그리스도의 몸 된 온 교회에 주신 것입니다. 시편에 기록된 모든 말씀은 각 사람이 이해할 수도 없고 또 자신 안에 가둘 수 없는 것으로, 오직 온전하신 그리스도 안에서만 살아 말씀합니다. 그렇기에 시편의 기도문들은 신비한 방식으로 공동체 안에 담겨져 있습니다. 비록 내 자신의 기도로 받아들이기 어려운 시편 한 구절 또는 한편 전체가 같은 공동체의 다른 누군가에게는 자신의 기도가 됩니다. 왜냐하면 그것은 바로 참 인간이신 예수 그리스도의 기도이며, 또한 지상의 그의 몸 된 대교회의 기도이기 때문입니다.

시편을 통해서 우리는 그리스도가 드리는 기도의 반석 위에 기도하는 법을 배웁니다. 시편은 기도를 가르치는 훌륭한 학교입니다. 첫째로, 기도가 무엇인지 가르칩니다. 기도는 하나님의 말씀 위에, 하나님의 약속 위에 서 있습니다. 그리스도인의 기도는 계시된 하나님의 말씀의 흔들림 없는 반석 위에 서 있기에, 결코 모호하지도 않고 또 개인의 이익을 위하지도 않습니다. 우리의 기도는 참 인간이신 예수 그리스도의 기도 위에 서 있습니다. 그래서 성경은 우리 안에 계신 성령님께서 우리를 위하여 기도하신다고 말씀하고, 그리스도께서 우리를 위해 기도하신다고 말씀하고, 오직 예수 그리스도의 이름을 가지고 하나님께 바르게 기도할 수 있다고 말씀합니다.

둘째로, 시편은 기도할 바가 무엇인가를 가르칩니다. 시편에 기록된 기도는 한 개인이 겪을 수 있는 경험의 한도를 훨씬 넘어서지만, 그럼에도 개개인은 믿음으로 그리스도, 참 인간으로서 시편에 기록된 모든 기도에 드러난 인간이 겪을 모든 경험을 다 겪으신 그분의 기도 속에서 기도합니다. 그렇다면, 원수들에 대한 복수를 부르짖는 시편을 가지고 기도해도 된다는 뜻일까요? 아직까지 죄인이 된 우리는 복수하면 악랄한 생각을 품게 되기에 그러지 말아야 합니다. 그런데 하나님의 분노를 스스로 뒤집어쓰시고, 우리의 자리에서 대신 하나님의 징계를 받아 고초 당하셨고, 다른 방법으로는 자신의 원수들이 도저히 용서받아 자유케 될 길이 없기에 하나님의 분노 아래 자신을 묶어두어 친히 고난 당하셨던 분이 바로 예수 그리스도이십니다. 이 그리스도께서 우리 안에 거하시고 또 우리가 그의 안에 거하시기에, 우리 안에 예수 그리스도의 마음을 품는다면 원수들을 향한 하나님의 복수를 부르짖는 시편을 가지고 기도할 수 있습니다. 그렇다면, 시편을 가지고 우리 자신의 죄 없음과 경건함과 의로움을 호소해도 되겠습니까? 우리의 모습이 완전히 변하지 않았기에 할 수 없습니다. 우리의 일그러진 모습으로 그렇게 할 수 없습니다. 그런데 죄 없으시고 순전하신 예수 그리스도의 마음을 품으면 믿음을 통해 우리에게 주시는 그의 의로움에 잇대어 우리도 그렇게 기도할 수 있고, 또한 그렇게 기도해야 합니다.

"그리스도의 피와 의가 우리의 명예와 아름다움이 되었네"[14]라고 노래하듯이, 그에게 속한 자들을 위해 그리스도가 주시는 중보 기도의 선물을 받은 우리는 자신의 죄 없음을 호소하는 시편으로 기도할 수 있고, 또 기도해야 합니다. 이러한 주제의 시편들도 그리스도를 통해 우리에게 주어졌습니다. 그렇다면 이제 말로 다 형용할 수 없는 불행과 고난에 대한 시편을 가지고 어떻게 기도해야 한단 말입니까? 이들 시편의 상황은 우리가 현재 처한 상황으로부터 너무 동떨어져 있어 감정을 이입하기가 쉽지 않은데 말입니다. 우리는 아직 경험해 보지 못한 상황에서 느낄만한 어떤 가슴 뭉클하는 감정에 사로잡히기

14 요한계시록 7:14절을 참조한 《루터교 찬송집》 제154번.

위해서 기도하는 것이 아니라, 이 모든 고난이 예수 그리스도 안에서 그 참된 본질적 의미를 갖기에, 인간이 되신 예수 그리스도께서 질병과 고통과 부끄러움과 죽음을 겪으셨기에, 그리고 그의 고난과 죽음 안에서 모든 육체가 다 고난받아 죽었기에 이 고난의 시편들을 가지고 기도할 수 있고, 또 기도해야 하는 것입니다.

그리스도가 십자가에 매달리실 때 옛 사람의 죽음과 함께 우리에게 일어난 또 다른 사건은, 그리고 자신에 대해 죽는 세례의식 이후에 우리에게 실제 일어났고 또 반드시 일어났어야 할 사건은 바로 시편의 기도들을 가지고 기도할 수 있는 자격을 얻은 것입니다. 예수 그리스도의 가슴에서 샘솟아 나는 기도로서 이 시편들이 그가 달린 십자가로부터 지상 위의 그의 몸 된 교회 위에 쏟아부어졌습니다. 지금 이에 대해 더 자세히 다루기는 어렵습니다. 우리의 주요 관심사는 그리스도의 기도로써 시편이 지닌 깊이와 넓이를 헤아려보는 것입니다. 이 말은 시편을 다 헤아려 이해하기까지는 필연 시간이 걸린다는 뜻입니다.

셋째로, 시편의 기도는 공동체로써 함께 기도하는 법을 가르칩니다. 그리스도의 몸 된 교회는 기도하고 있으며, 교회의 일원인 제 자신 또한 저의 기도가 교회가 드리는 모든 기도의 작은 일부분임을 깨닫습니다. 기도할 때 제 자신이 그리스도의 몸 된 교회에 속한 것을 배우게 됩니다. 그래서 저의 개인적인 관심사를 뛰어넘어 기도하게 됩니다. 여러 시편에서 그 증거가 발견되듯이, 구약시대 하나님의 백성들은 서로 주거니 받거니 하며 기도했을 것이 거의 확실합니다. 흔히 말하는 '대구법對句法'을 이용한 시행 배치는 비슷한 의미를 다음 행에서 다른 시어를 가지고 반복 표현하는 독특한 기법으로, 단순히 형식미를 추구하기 위한 문학적 장치만은 아닙니다. 이 기법은 교회론적 의미와 신학적 의미를 발생시키는 의미론적 장치이기도 합니다. 이 주제는 시간을 내어 면밀히 연구해 볼 가치가 있습니다. 대구법이 사용된 확실한 예로 시편 5편을 살펴보도록 하겠습니다. 이 시편에서 두 목소리가 같은 내용을 각각 다른 낱말을 사용하여 하나님께 반복해서 간구 드리는 것을 볼 수 있습니다. 이는 절대 한 사람이 홀로 기도하지 않아야함을 가르치고 있는 게 아닐까요? 한 사람의 기도에는 반드시 마주하는 상대가 있어서, 같은 교회 교인이든지 그리스도의 몸 된 교회이든지, 즉 한 사람 한 사람의 기도가 진정한 기도가 되도록 함께 기도해 주시는 예수 그리스도 그분이 계셔야 합니다. 같은 교훈이 시편 119편에서도 잘 드러나 있는데, 이 시편에 기록된 시어詩語들은 우리가 들이대는 성경해석론적 분석을 쉽게 허락하지 않는 웅장한 기도를 끝없이 울려대고 있습니다. 우리의 마음을 쪼개어 그 깊은 바닥까지 뚫고 내려가기 위해서는 각 기도의 언어들이 끝없이 반복하며 회전해야 한다는 가르침을 주시는 것 같지 않습니까? 그리고 마침내 우리의 마음 가장 깊은 바닥에 도달한 그 마지막 시어들조차 끝까지 반복하고 있으니! 기도란 인간의 마음에 있는 절박함과 기쁨 같은 무언가를 쏟아놓는 행위가 아니라, 그리스도 안에 놓아두신 하나님의 뜻을 계속해서 배우고 인정하며 그 마음에 새겨 놓는 끝없는 과정이라는 가르침을 주시는 것 같지 않습니까? 시편에 대한 그의 주해註解에서 프리드리히 크리스토프 외팅거Friedrich Christoph Oetinger는 주기도문 (마 6:10-13)에 나타난 일곱 가지 간구에 따라 각각의 시편을 분류하는 방법을 통해 심오한 진리를 도출하였습니다. 그것은 바로 길고 방대한 분량의 시편들이 더도 덜도 아니고 주님이 가르쳐 주신 기도에 모두 집약되어 있다는 것입니다. 우리의 모든 기도하는 것들이 모두 예수 그리스도의 기도 안에서 발견되어야 한다는 뜻입니다. 그리스도의 기도에는 계속 끊이지 않고 나타나는 세상의 아들들로부터 하나님의 자녀들을 자유케 한다는 약속의 성취가 담겨져 있습니다. 시편 말씀들에 더 깊이 뿌리 내리고 그 말씀들과 함께 더 자주 기도할수록, 우리의 기도하는 것들이 보다 더 단순해지고 보다 풍성하게 응답받는 기도로 변할 것입니다.

시편을 가지고 기도하는 시간은 가정 교회가 부르던 찬송가에도 그런 가사가 있듯이 말씀을 읽는 시간에 앞서 이루어집니다.

"그대는 (사람들 앞에서) 성경 낭독에 전념하여라"(딤전 4:13) 함께 성경을 읽는 바른 방법을 알아보기 전에 이 주제에 대한 몇 가지 잘못된 인식부터 바로 잡아야 하겠습니다. 우리들 대부분은 '오늘을 위한 하나님의 말씀을 듣기 위해 말씀을 읽어야 한다'고 교육 받으며 자랐습니다. 그래서 대개가 말씀을 읽을 때 여기저기서 뽑은 짧은 요절을 읽으면서 그날에 하루 동안 붙들고 살아갈 말씀으로 삼게 되었습니다. 예를 들어, 모라비안 형제단이 배포한 매일 성경 읽기표가 있는데, 이 표를 따라 성경을 읽으면서 일단의 유익을 얻을 수 있는 사실은 의심할 여지가 없습니다.[15]

특히 독일 교계가 분쟁으로 인해 어려웠던 시절, 얼마나 많은 교인들이 이 성경 읽기표를 보물 같이 소중히 여기며 붙들었는지 모릅니다.[16]

하지만 몇 구절 골라서 성경을 읽는 방식이 주는 나름대로의 유익이 확실하게 있다하더라도 성경을 통독通讀하는 것만 못하고, 또 그럴 수도 없다는 사실 역시 의심의 여지가 없습니다. 그날 하루를 위한 구절은 마지막 심

---

15 이 성경 읽기표에는 묵상을 위한 짧은 성경 구절과 함께 찬송가 구절이나 기도문이 함께 실려 있다. 《성경전서》다음으로 전 세계적으로 가장 널리 읽힌 간행물로 알려져 있다.

판의 날까지 남아 있을《성경전서》자체가 아닙니다.《성
경전서》는 몇몇 선택된 성경 구절 그 이상입니다. 그것
은 '오늘의 양식'[17] 그 이상입니다.

　《성경전서》는 모든 시대에 사는 모든 사람들을 위해
계시된 하나님의 말씀입니다.《성경전서》는 이 말씀과
저 말씀의 단순한 조합이 아닙니다. 그것은 하나의 완전
체이고, 그렇기에 완전체로 사용될 때 비로소 그 생명력
을 발휘합니다. 주 예수 그리스도에 대한 완전한 증거는

---

16 1930년대 개혁주의 안에서 나치 지배하에 히틀러에 동조하는 '독일교
회German Christians'와 이에 반대하는 복음주의 노선의 '고백교회Confessing
Church' 사이의 대분열을 가리킨다. 1934년에는 개혁주의교회, 루터교회 그리
고 가톨릭교회가 바멘Barmen에 모여 6개 항에 걸친 핵심적인 공동의 신앙고
백을 재확인 한다. 개혁주의를 대표한 K. 바르트가 주도하여 작성한 '바멘 선
언The Barmen Declaration' 제1항은 요한복음 14:6절로 시작하여, 하나님의 말씀
인 예수 그리스도만이 복종의 대상이요 또한 하나님의 계시이기에 다른 어떤
권세나 "역사적 인물"을 복종의 대상과 하나님의 계시로 인정하는 교회의 교
리를 거부한다고 선언하고 있다. 당시 프랑크푸르트의 한 호텔에서 두 명의 루
터교 신학자들이 긴 낮잠을 자는 동안 K. 바르트는 진한 커피와 브라질 원산의
담배와 함께 홀로 깨어 선언문의 전반을 작성했다. 당시 상황을 바르트는 이렇
게 묘사하고 있다. "루터교회는 잠들었지만 개혁주의 교회는 계속 깨어 있었
다."(존 프랭키John R. Franke의《Barth for Amrchir Theologians》(2006) , 93~94
쪽 참조, WJK 출판사)
17 오늘의 양식Brot für den Tag : 당시 유행하던, 성경구절이 기록된 종이를 한
장씩 넘기는 달력.

성경이 그 안에 품고 있는 계시와 계시 사이를 잇고 있는 신비로운 관계를 통해서만 선포될 수 있습니다. 구약과 신약의 관계, 약속과 성취의 관계, 제사와 율법의 관계, 율법과 복음의 관계, 십자가와 부활의 관계, 믿음과 순종의 관계, '이미'와 '아직'의 관계. 그렇기에 함께 드리는 매일의 예배 가운데 시편을 통한 기도와 함께 성경을 읽는 순서가 반드시 있어야 하는데, 단 몇 구절을 읽고 마치기보다는 긴 분량의 구약과 신약 본문을 통전적으로 읽어야 합니다. 더불어 살아가는 그리스도의 공동체는 매일 아침과 저녁으로 구약 한 장 그리고 신약 반 장 정도는 읽어야 합니다. 이를 한 번 실천해 보면 이 정도의 간소한 분량을 읽는 것마저 큰 부담이라며 아우성치는 반대의 목소리가 끝내 터져 나올 것입니다. 실천하지도 못할 무리한 계획을 세우고, 채 소화하지 못할 정도로 과식하는 것은 도리어 하나님의 말씀을 깎아내리는 행위라며 반대가 일어날 것입니다. 이런 반대 여론에 부딪혀 다시 몇 구절 읽고 마는 것으로 만족하게 될지도 모릅니다. 그런데, 이러한 태도에는 사실 뭔가가 심각하게 결여되어 있습니다.

어릴 때부터 성경을 몇 구절씩만 읽은 아이는 성인이 되어서도 구약 성경을 읽을 때 앞뒤 문맥을 토대로 해당 본문을 이해하는데 어려움을 겪게 될 것이고, 이는 쉽사리 씻기지 않을 부끄러운 때를 얼굴에 묻히는 꼴입니다. 그렇다면 우리가 알고 있는 성경에 대한 지식과 지금까지 읽으며 쌓아온 지식이 대체 뭐가 되는 것입니까? 앞뒤 문맥을 토대로 우리가 읽고 있는 본문의 전체 내용에 대해 익히 알고 있었다면 한 장 쯤은 수월하게 읽어 나갈 수 있었을 것입니다. 게다가 《성경전서》를 손에 펼쳐 들고서 다른 사람들과 함께 읽어 나갔다면 훨씬 더 수월했을 것입니다. 하지만 그 정도의 분량도 읽기 어려운 것이 우리의 현주소이기에, 결국 성경을 모른다고 인정할 수밖에 없습니다. 그렇다면 우리가 잃어버린 것을 성심성의껏 되찾고, 우리가 놓아버린 것을 다시 붙드는 방법 외에 하나님의 말씀을 도외시해 온 우리의 죄에 대한 또 다른 귀결이 있을까요? 신학생들이야말로 이 회복에 가장 앞장 서야 하는 사람들이 아닐까요? 여기서, 성경의 내용을 더 잘 아는 것이 매일 함께 드리는 예배의 목적이 될 수 없다고 논하지 맙시다. 말씀을 잘 아는 것을 예배의 목적으로 삼기에는 너무 지엽적일 뿐더러 전혀 별개라고 주장하지 맙시다. 그렇게 주장하는 이유는 매일 드리는 예배의 본질에 대해 완전히 잘못된 이해를 가지고 있기 때문입니다. 하나님의 말씀은 듣는 이들의 눈높이에 맞춰서 들리게 되어 있습니다. 아이들은 매일 아침 드리는 예배 시간을 통해서 성경에 기록된 이야기들을 처음으로 듣고 배우게 됩니다. 어른들은 매일매일 듣고 또 들으며 점점 그 지식이 자라납니다. 그리고 각자 자신의 처소에서 말씀을 읽고 들으며 끝없는 배움을 계속해 나가는 것입니다.

어린 아이들뿐 아니라 어른들마저도 읽어야 하는 성경의 분량이 지나치게 많아서 결국 기억에 남는 게 별로 없다고들 불평합니다. 이에 대해 반드시 해야 할 말을 한다면, 어른들이 매번 읽어야 할 성경의 분량은 가장 짧은 본문조차 지나치다 싶을 정도로 길어야 한다는 것입니다. 무슨 뜻인가요? 성경은 복잡한 하나의 생명체로, 각각의 단어들과 문장들이 다채로운 방식으로 전체 몸에 연결되어 있습니다. 그래서 작은 한 부분을 떼어내어 읽고 들으면서 전체의 흐름을 파악하기란 불가능합니다. 그렇기에 각 단락도 그렇지만, 《성경전서》는 우리의 이해를 뛰어넘습니다. 그래서 이 사실을 매일 기억하는 것 외에 다른 방법이 없습니다. 바로 우리로 하여금 "그 안에는 지혜와 지식의 모든 보화가 감추어져"^(골 2:3) 있는 예수 그리스도를 날마다 바라봐야 하는 것입니다. 그래서 격언 안에 담긴 세상의 지혜를 읽는 사람이 아니라 예수 그리스도 안에 계시하신 하나님의 말씀을 읽는 사람이라면 적어도 매일 읽어야 할 성경의 분량은 지나치다 싶을 정도로 많아야 한다고 말하는 것이 마땅합니다.

성경은 하나의 총체로서, 살아있는 생명체요, '렉시오 콘티누아'lectio continua — 즉 '연속독서'꼬리에 꼬리를 무는 독서이기 때문에, 가정교회 공동체에서 성경을 읽을 때 이러한 성경의 특질이 반드시 살려져야 할 것입니다.[18]

역사서와 선지서와 복음서와 서신서와 계시록은 각각

의 놓인 자리와 위치에서 하나님의 말씀으로 읽혀지고 들려집니다. 성경은 선지자들과 사사들과 왕들과 제사장들과 더불어 엮어가는 이스라엘 백성들의 전쟁 이야기, 절기 이야기, 제사 이야기, 그리고 고난의 이야기가 펼쳐지는 놀라운 세계 가운데로 청중들을 안내합니다. 믿는 자들의 공동체는 예수 그리스도의 탄생과 세례, 기적과 비유이야기, 그리고 고난과 죽음과 부활의 현장 속에서 자신들을 발견합니다. 그들은 전 인류의 구원을 위해 이 지상에서 일어났던 사건들 속으로 들어가게 됩니다. 그리하여 지금 여기 계시고, 또한 이 모든 구속사적 사건의 현장 가운데 계시는 예수 그리스도를 만남으로 구원을 받게 됩니다.[19]

---

18 렉시오 콘티누아 : 유대인들이 회당 집회에서 구약 성서를 읽는 방식에서 기원되어, 초대교회에서 지난 집회 때에 독서가 중단된 부분에서부터 이어 성경전서를 순서대로 읽던 방식이다. 이후 교회 달력이 재정되고 초대 교부들 중 성인聖人들이 채택되면서 특정한 날에 특정한 성경 본문을 채택하여 읽는 '렉시오 테마티카lectio tematica' — 즉 '주제별 독서' 방식이 도입되었다. 1969년부터 로마 가톨릭 교회는 제2차 바티칸 공의회1962~1965를 기점으로 단행한 교회 개혁의 일환으로 '렉시오 콘티누아'를 회복하여 미사 의식을 통해 3년을 주기로 연독하고 있다.

《성경전서》를 그 순서대로 읽어 나가며 하나님의 말씀을 듣는 사람들은 하나님께서 인류의 구원을 위해 역사의 한 시점에 단 한번 행하시고 영원히 봉인하신 사건들 속에 이끌리어 그 속에서 자신을 발견합니다. 성경의 역사서들은 특별히 예배 가운데 읽혀질 때 되살아나 전혀 새로운 경험으로 그 독자들과 만납니다. 우리의 구원을 위해 과거에 한 번 벌어졌던 역사의 일부가 우리 자신의 것이 됩니다. 현재 우리 자신의 모습은 온데간데없고, 어느덧 홍해를 건너 광야를 지나 요단강을 건너 약속의 땅으로 들어가고 있습니다. 구약 이스라엘 사람들과 함께 의심과 회의에 빠졌다가 징계를 받고 다시 돌아선 이후에 다시 한 번 하나님의 도우심과 성실함을 경험하기도 합니다. 이 모든 경험들은 단순한 망상이 아니라, 거룩하

19 성서를 "지금 이 시간 하나님의 얼굴"임재로 이해한 어거스틴St. Augustine of Hippo은 시편 22편에 대한 설교에서 성찬식에 대해 이렇게 설파했다. "성찬식에서 과거에 일어났던 사건은 지금 이 시간에 일어나는 현재의 사건이 됩니다. 이 신비 속에서 마치 십자가에 매달려 계신 주님을 직접 대하여 뵈올 때 같은 감동과 감화가 우리 안에서 일어납니다." (로버트 윌킨Robert Louis Wilken의 《The Spirit of Early Christian Thought》(2003), 29~31, 76쪽 참조, 예일대학출판부).

고 신령한 실제입니다. 현재로부터 들려져서 하나님이 행하시는 거룩하신 역사의 현장 속으로 옮겨집니다. 거기서 하나님은 거룩하신 분노와 은혜를 도구삼아 우리의 필요와 죄를 해결하기 위해 일하셨고, 오늘도 여전히 일하시고 계십니다. 하나님께서 오늘 우리의 삶을 관찰하시고 그 속에 참여하시는 것이 중요한 것이 아니라, 거룩한 구원의 역사 속에 행하신 하나님의 결단과 행하심 속에, 즉 이 땅에 오신 그리스도의 이야기 속에 청중된 우리 자신이 깊숙이 참여하는 것이 중요합니다. 우리가 그 역사의 현장에서 발견되기 때문에 하나님께서 오늘 우리와 함께 계십니다. 여기에 완전한 반전反轉이 있습니다. 우리의 삶 가운데 하나님의 임재와 도우심이 반드시 확인되어야 하는 것이 아닙니다. 도리어, 예수 그리스도의 삶 가운데 우리를 향하신 하나님의 임재하심과 도우심이 확증된 것입니다. 하나님께서 구약의 이스라엘에게 그리고 하나님의 아들인 예수 그리스도 안에서 무슨 일을 행하셨는지를 아는 것이 오늘 우리를 향하신 하나님의 뜻이 무엇인지를 아는 것보다 중요합니다. 예수 그리스도께서 죽으셨다는 역사적 사실이 내가 언젠가 죽을 것이라는 사실보다 비할 바 없이 더 중요합니다. 그리고 그가 죽은 자들 가운데 살아나신 사건이 심판의 날에 우리 자신 역시 다시 일으켜 세워질 것이라는 소망의 흔들림 없는 반석이 됩니다. 구원은 '바깥 세계에서 우리 세계로' 들어온 낯선 것입니다. 구원은 나의 인생 이야기에서 발견되는 것이 아니고, 오직 예수 그리스도의 이야기에서 발견되는 것입니다. 오직 예수 그리스도 안에 발견되는 자, 즉 그의 탄생과 십자가와 부활의 이야기 속에서 발견되는 자들이 하나님과 함께 하는 자들이고, 하나님은 그런 자들과 함께 하십니다.

이런 관점에서, 예배 시간을 통하여 《성경전서》를 모두 읽어나갈 때 하루하루가 더해 가듯 그 의미와 유익이 더해 갑니다. 현재 우리의 삶, 우리의 문제, 그리고 현재 우리의 죄악이라 부르는 것들이 진정한 실제가 아닙니다. 성경 이야기 속에 발견되는 우리의 삶, 우리의 문제, 우리의 죄악, 그리고 우리의 구원이야말로 진정한 실제입니다. 우리를 위해 성경에 기록된 역사 속에서 행하시기를 기뻐하신 분이 하나님이시기에, 우리가 그의 도움을 얻을 곳 역시 그곳입니다. 오직 성경 속에서 우리는 자신의 이야기를 들을 수 있습니다. 아브라함의 하나님, 이삭의 하나님, 그리고 야곱의 하나님은 예수 그리스도의 하나님 아버지이시자 동시에 우리의 하나님이십니다.

우리는 다시 한 번 우리에게 신앙을 전수해 준 종교개혁 지도자들이 지녔던 성경관으로 돌아가야 합니다. 이를 위해 노력과 시간을 쏟는 것을 아까워해서는 안 됩니다. 우리의 구원을 위해 가장 시급하고 중대한 과제는 성경을 가까이 두어 사귀는 것입니다. 하지만, 구원 이외에도 이를 시급하게 여길 또 하나의 중대한 이유가 있습니다. 예를 들어, 성경의 가르침 위에 든든히 서 있지 않는다면 어떻게 일상생활에서의 우리의 행동과 교회의 사역에 대해 확신과 자신감을 가질 수 있겠습니까? 우리 삶의 방향을 결정하는 것은 우리의 뜻이 아니라 하나님의 말씀입니다. 그런데 이 시대에 그 누가 성경이 가리키고 있는 방향에 대해 바른 지각을 지니고 있습니까? 인생의 가장 중요한 결정들을 앞두고 얼마나 귀가 닳도록 "내가 살아보니" 혹은 "내 경험으로는" 하는 식의 이야기들을 종종 듣게 됩니까? 성경이 인생의 경험이 가리키는 방향과 정반대 방향을 가리키고 있는데도 사람들은 성경에 눈길조차 주지 않습니다. 성경을 진지하게 읽지 않고, 제대로 알지 못하거나, 혹은 깊이 파고들지 않는 사람들이 성경이 증거하는 바들을 무시하는 것은 전혀 놀랄 일이 아닙니다. 하지만 자신을 위하여 성경과 어떻게 관계해야 할지 스스로 고민하지 않는 사람들은 개신교도가 아닙니다.

이와 관련된 질문을 하나 더 해야겠습니다. 하나님의 말씀이 아니고서 그 무엇으로 괴로움과 시험 가운데 빠진 다른 형제와 자매들을 제대로 도울 수 있겠습니까?

우리 속에서 나오는 말들은 금방 힘을 잃고 맙니다. 하지만, 마치 "새것과 오래된 것을 자기 창고에서 꺼내 주는 집주인" (마 13:52) 같은 사람 — 즉, 성경으로부터 캐어낸 온갖 값진 교훈과 훈계와 위로의 말씀을 부유하게 지니고 있기에, 그 부유함으로부터 하나님의 말씀을 꺼내어 말하는 자는 악귀를 몰아내고 시험에 빠진 자들을 도울 수 있습니다. "또 어려서부터 성경을 알았나니 성경은 능히 너로 하여금 그리스도 예수 안에 있는 믿음으로 말미암아 구원에 이르는 지혜가 있게 하느니라"(딤후 3:15, 개역개정).

그렇다면《성경전서》를 어떻게 읽어야겠습니까? 더불어 사는 공동체에서는 각 사람들이 돌아가면서 성경 본문을 이어가며 읽는 것이 가장 좋을듯합니다. 이렇게 해 본 사람들은 소리를 내어 성경을 읽는 것이 그리 쉽지 않음을 알고 있을 것입니다. 성경을 수월하고 막힘없이 읽어 나갈수록 본문의 의도를 잘 파악하게 될 것입니다. 그럴수록 성경을 읽는 이들의 마음은 보다 더 겸손히 낮아질 것입니다. 누가 신앙의 경륜이 있는지, 그리고 누가 이제 막 이 길에 들어섰는지는 성경을 큰 소리로 낭독할 때 밝혀집니다. 성경의 화자話者와 청자聽者 자신을 동일시하지 않는 것이 바른 성경 독해의 원리 중 하나입니다. 화가 난 쪽은 내가 아니라 하나님이시고, 위로하시는 이도 내가 아니고 하나님이시며, 훈계는 내가 하는 게 아니라 하나님이 하시는 것입니다. 물론, 자신이 하나님의 말씀을 듣는 청중임을 잊지 않은 채, 무심한 듯 단조로운 목소리가 아닌 그 상황 속에 있는 듯한 생생한 목소리로 마치 하나님이 화내시고, 위로하시고, 또 훈계하시듯 읽을 수는 있을 것입니다. 하지만, 독자 자신을 하나님으로 착각하지 않고 그의 앞에 그저 엎드려 귀 기울이는 입장을 취하는 것이 올바른 성경 읽기의 성공과 실패를 결정하는 열쇠입니다. 그렇지않으면, 독자는 언어의 유희에 집착하게 되고, 필요 이상으로 감정적이 되며, 자아도취에 빠지게 되며, 거만해질 수 있습니다. 즉, 독자의 관심이 하나님의 말씀에서 빗겨가 자신에게 향하게 될 수 있습니다. 이는 성경을 읽으면서 죄를 범하는 것입니다. 바른 성경 읽기가 과연 어떤 것인지를 보여주는 예를 일상생활에서 찾아보자면, 아마도 친구로부터 받은 편지를 다른 친구에게 읽어주는 상황이 가장 적절할 것 같습니다. 저라면 이 상황에서 제 자신이 마치 편지를 쓴 친구인양 읽지 않을 것입니다. 화자와 독자 사이에 놓인 거리는 읽어나가는 동안 느껴지기 마련입니다. 그렇다고 해서 화자와 아무 상관없는 사람처럼 무심히 읽지만도 않을 것입니다. 그는 저의 가까운 친구이기 때문에 관심을 가지고 그의 편지를 읽을 것입니다. 바른 성경 읽기는 배워서 습득할 수 있는 기술이 아닙니다. 그것은 자신의 영적인 상태에 따라 성장하기도 하고 줄어들기도 하는 그런 살아있는 것입니다. 성경 읽기에 있어서 제 아무리 훌륭한 신학 교육을 받은 사역자라할지라도 인생의 단맛과 쓴맛을 다 맛보아 가면서 여러 해 동안 꾸준하고 부지런히 성경을 읽은 평신도를 따라갈 수 없는 경우를 종종 봅니다. 이런 평신도들이라면 그리스도 안에서 더불어 사는 다른 이들에게 성경 읽는 것에 대해 조언하며 도울 수 있을 겁니다.

교독문交讀文은 전혀 쓸모가 없는 것이 아니라,《성경전서》를 계속해서 이어 읽어나가기 위한 영양 보충제가 될 수 있습니다. 매일 아침에 드리는 예배나 주일 예배를 시작할 때, 혹은 다른 경우에도 시의적절하게 사용하면 됩니다.

더불어 시편으로 기도하고 성경을 읽으면서 그리스도의 공동체는 또한 '합창'합니다. 교회의 목소리는 찬양과 감사와 중보 기도가 되어 올려집니다.

시편 기자가 거듭해서 "새 노래로 여호와께 노래하라!" (시 96:1) 외치며 우리를 불러냅니다. 더불어 사는 공동체가 이른 아침마다 부르기 시작하는 노래는 매일 새 아침마다 그리스도가 부르시는 찬송으로, 지상과 천상의 온 예배 공동체가 부르는 새 노래입니다. 우리도 이 새 노래를 부르는 성가대원으로 부름 받았습니다. 영원부터 영원까지 부르는 이 한 곡의 위대한 찬양을 하나님께서 친히 준비해 두셨고, 하나님의 공동체에 속하게 된 자는 누구나 이 노래를 부릅니다. 이 노래를 새벽 별들이 기뻐 노래하며 하나님의 아들들이 다 기뻐 소리 질렀습니다 (욥 38:7). 이 노래는 홍해를 건넌 뒤에 이스라엘의 아이들이 부른 승리의 노래요, (출 15:1-21) 예수의 잉태 소식을 들은 후에 부른 성모 마리아의 찬송가요, (눅 1:46-55) 바울과 실라가 어두운 감옥에서 하나님을 찬양하기 위해 부른 노래요, (행 16:25) 짐승으로부터 벗어난 자들이 유리바닷가에 서서 부른 노래, 즉 "하나님의 종 모세의 노래와 어린 양의 노래" (계 15:3) 입니다. 하늘의 성도들이 부르는 새 노래입니다. 지상에서 예배드리는 자들은 매일 새로운 아침마다 이 새 노래에 참여하고, 매일 저녁마다 이 찬송으로 하루를 마무리 합니다. 삼위일체 하나님과 그의 행하신 일이 이 노래에 실려 높이 드리워집니다. 이 노래는 하늘에서와 다른 소리로 지상에서 울립니다. 지상에서 이 노래를 부르는 자들은 마음으로 믿는 자들이요, 천상에서 부르는 자들은 눈으로 보는 자들입니다. 지상에서 이 노래는 인간의 천한 언어로 불리지만, 천상에서는 "말할 수 없는 말들… 곧 사람이 말해서는 안 되는" 언어로 불려지는, (고후 12:4) "땅에서 구속함을 받은 14만 4,000명 밖에는 아무도 그 노래를 배울 수가 없는" 새 노래, (계 14:3) "하나님의 하프를 들고" 부르는 노래입니다 (계 15:2). 이 노래와 하나님의 하프에 대해 우리는 무엇을 알고 있습니까? 우리가 부르는 새 노래는 이 땅에서 부르는 노래로, 순례자들과 방랑자들이 부르는 노래입니다. 이들의 가는 길에 하나님의 말씀이 여명으로 비춰옵니다. 우리가 지상에서 부르는 노래는 예수 그리스도 안에 계시하신 하나님의 말씀에 매여 있습니다. 이 노래는 하나님의 자녀로 부름 받은 이 땅의 사람들이 부르는 동요입니다. 열광적이지도 황홀하지도 않은, 그저 하나님의 계시된 말씀에 온전히 집중하여 진심 어린 감사를 표하는 아이들의 노래입니다.

"마음으로 주께 찬송하십시오"(엡 5:19). 이 땅에서 우리는 말을 가지고 노래합니다. 그 노래는 곡조曲調가 있는 말씀입니다. 그리스도인들이 모일 때마다 함께 찬양을 부르는 이유가 무엇인가요? 이유는 간단합니다. 더불어 찬양을 부를 때 같은 하나님의 말씀으로 서로에게 말하며 동시에 기도할 수 있기 때문입니다. 다시 말해서, 말씀 안에서 하나 됨을 이루기 위해서입니다. 매일 드리는 모든 예배마다 찬송가에 담긴 하나님의 말씀에 우리의 전적인 관심이 드려져야 합니다. 같은 목소리를 내어 말하는 대신에 노래로 부르는 이유는 담화체의 말을 가지고는 우리가 나타내고자 하는 것을 모두 표현하기에 적합하지 않기 때문이고, 우리가 노래로 표현하고자 하는 대상이 인간의 언어가 지닌 역량 너머에 존재하시기 때문입니다. 그렇다고 해서 우리가 아무 말이나 흥얼거려도 된다는 말은 아닙니다. 우리는 하나님을 찬양하는 언어로 노래해야 합니다. 감사의 언어, 고백의 언어, 그리고 기도의 언어를 가지고 노래해야 합니다. 그렇게 음악은 전적으로 말씀을 섬기는 종입니다. 형언할 수 없는 음악의 신비함으로 말씀을 떠받쳐 돋보이게 합니다.

음악은 말씀의 종이기 때문에 예배로 모인 성도들은 제창齊唱으로 말씀을 노래합니다. 특별히 가정 교회에서 부르는 노래가 그렇습니다. 이때 노래 가사와 음악이 특별한 방식으로 만나 어우러집니다. 제창으로 부를 때 음조音調는 전적으로 말씀으로부터 힘을 얻어 지축을 박차고 힘껏 날아오릅니다. 그렇기에 제창으로 부를 때 다른 음악적인 요소들의 도움은 필요하지 않습니다. 보헤미안 형제단이 부르는 노래를 들어보십시오.

"같은 목소리로 오늘 우리는 노래하네
우리 마음 깊은 곳으로부터 같은 음으로"[20]

---

20 독일 찬송집《새노래》제74번.

"한 마음과 한 입으로 하나님, 곧 우리 주 예수 그리스도의 아버지께 영광을 돌릴 수 있게 해 주시기를 빕니다"(롬 15:6). 이 땅의 성도들이 부르는 노래가 지녀야 할 본질적인 특징은 제창에 담겨 있는데, 필요 이상의 과도한 음악적 기교로부터 때 묻지 않은 순수함이요, 음악성을 가지고 말씀으로부터 독립을 꾀하려는 시커먼 욕망으로 흐려지지 않은 청명함이요, 단순미와 소박미와 인간미와 따뜻함입니다. 물론, 현란함에 익숙해진 우리의 귀에 이 진리가 조금씩 조금씩 들리기까지 매우 어려운 노력이 필요할 것입니다. 공동체가 제창을 제대로 부르고 안 부르고는 영적 분별력의 문제입니다. 교회는 한 몸이 되어 가슴으로부터 나오는 말씀을 가지고 주님을 향해 노래합니다.

제창을 방해하는 몇 가지 요인들이 공동체 안에 있는데, 이런 요인들은 그 뿌리까지 확실하게 뽑아내야 합니다. 예배 중에 찬송가를 부를 때 허영과 조잡함이 비집고 들어올 자리는 없습니다. 첫째 요인으로, 다 함께 같은 음조로 노래하는데 누군가 즉흥적으로 2부 화음을 넣는 것입니다. 일률적인 화음을 더 풍성하게 만들어주기 위해 필요한 배경음을 깔아주는 의도라지만, 이로 인해 말씀도 죽고 소리도 죽게 됩니다. 남성 베이스나 여성 알토의 목소리는 다른 사람들보다 한 음계 아래에서 형성되는 독특한 음역으로 인해 사람들의 이목을 끌기 마련입니다. 독창자가 폐부 상단으로부터 힘껏 질러 바르르 떨며 내는 목소리에 다른 이들의 목소리가 묻히기도 합니다. 음치라서 노래를 제대로 부르지 못하는 사람들은 우리가 생각하는 것보다 훨씬 적은데, 이들이 오히려 공동체가 부르는 제창에 덜 방해가 됩니다. 마지막으로, 유별나게 기분 변화가 심하고 별거 아닌 일에도 마음이 토라져서 공동체가 부르는 제창에 참여하지 않은 사람들도 더러 있습니다. 이들 역시 공동체의 하나 됨을 방해하는 요소입니다.

공동체가 부르는 제창은 음악적인 사안이 아니라 영적인 사안이고, 그렇기에 간단한 사안이 아닙니다. 음악적인 측면에서 비록 부족함이 많다 해도, 제창으로 부르는 노래만이 줄 수 있는 기쁨은 구성원들이 하나같이 깊이 헌신되고 잘 훈련되어 있는 공동체만이 누릴 수 있는 특권입니다.

보헤미안 형제단의 찬송가 모음집이나 몇몇 역사적 유서가 깊은 교회에서 부르던 찬송가들도 그러하지만, 무엇보다는 개혁주의 교회의 찬송가들이 제창으로 부르기에는 더 없이 그만입니다. 이제부터 제창으로 부르기 위해 자신들의 찬송가 모음집에 어떤 곡을 포함시키고 어떤 곡을 제외시킬지를 결정해야 할 차례입니다. 교리敎理를 잣대삼아 불쑥 들이대는 통에 종종 선곡 과정에서 문제가 불거지곤 하는데, 이런 태도는 바람직하지 않습니다. 개별 곡마다 어떤 유익이 있는지 따져보아 선곡해야지, 교리를 칼처럼 마구 휘두르는 것은 별 도움이 되지 않습니다. 그렇기에 더불어 사는 그리스도인들의 공동체는 가능한 많은 찬송가를 익히고 또 익혀서, 악보를 보지 않고도 외워서 부를 수 있을 정도가 되어야 합니다. 매일 드리는 예배 시간에 성경 읽는 순서 중간에 부르고 싶은 찬송가를 뽑아 그 중 몇 소절을 부른다면 이 목표에 도달할 수 있을 것입니다.

매일 드리는 아침 예배 시간에만 찬송가를 불러 익힐 것이 아니라 나머지 하루 일과 중에도 틈틈이 불러 익힐 수 있을 것입니다. 더 자주 부를수록 그로부터 오는 더 부요한 기쁨을 맛볼 수 있을 것입니다. 하지만 무엇보다 말씀드리고 싶은 것은, 찬송가를 부르는데 더 많은 집중과 훈련을 쏟고 그로부터 더 부요한 기쁨을 누릴수록, 함께 노래하는 공동체의 모든 삶의 영역에 하나님의 축복이 나날이 더 부요하게 임할 것이라는 점입니다.

함께 부르는 노래에서 울려 퍼지는 소리는 교회의 목소리입니다. 부르는 이는 '나'가 아니요 '교회'입니다. '나'는 한 일원으로 교회의 노래에 참여합니다. 그렇기에 '교회'가 참된 찬송을 부를 때 '나'의 영적 지평선은 넓어지게 되어 있습니다. 교회가 부르는 참된 노래는 '나'가 속한 이 작은 공동체가 지상 위의 위대한 그리스도의 교회에 속해 있음을 인식하게 해 주고, 대교회가 부르는 노래에 참여하는 '우리'가 부르는 노래는 연약하면 연약한 대로, 강건하면 강건한 대로 우리 공동체가 속한 자리를 즐거운 마음으로 찾아 발견하도록 도와줍니다.

하나님의 말씀과 우리의 기도가 교회의 목소리 가운데 만나 연합을 이룹니다. 그렇기에 이제 합심 기도에 대해 이야기 할 차례입니다.

"너희 중의 두 사람이 땅에서 합심하여 무엇이든지 구하면 하늘에 계신 내 아버지께서 그들을 위하여 이루게 하시리라" (마 18:19, 개역개정).

매일 함께 드리는 예배 순서 중에서 합심 기도하는 시간만큼 어렵고 불편한 순서는 없을 것인데, 입을 벌려 스스로 말해야 하기 때문입니다. 하나님의 말씀은 들으면 되는 것이고, 교회 찬송가는 다른 사람들과 함께 참여하면 됩니다. 그런데 합심 기도는 다른 이들과 더불어 하나님께 직접 기도해야 하는 시간입니다. 다른 누구의 말이 아닌 우리의 말로 우리의 기도를 드려야 합니다. 오늘 하루를 위해, 오늘 해야 할 일을 놓고, 공동체를 위해, 그리고 공동체를 누르고 있는 특정 사안과 죄를 놓고, 또한 우리의 도움이 필요한 사람들을 위해서 기도할 차례인 것입니다. 아니면 우리 자신들을 위해서 아예 기도하지 않는 것이 옳을까요? 우리의 입술을 벌려 우리의 언어로 합심 기도하는 것을 사모하는 자체가 금지된 것일까요? 합심 기도를 반대하는 이유가 무엇이든지 간에 정당화 될 수 없습니다. 말씀 아래 더불어 사는 삶을 사모하는 그리스도인들은 입을 모아 합심하여 기도하려 애쓸 것이고, 또 그렇게 해야 합니다. 합심하여 하나님 앞에 간구할 제목이 있고, 감사할 제목이 있고, 그리고 중보할 제목이 있기 때문입니다. 기쁜 마음과 의심치 않는 마음으로 기도해야 합니다. 비록 서로에 대한 경계심과 듣는 귀가 여럿인지라 하고 싶은 대로 다 말할 수 없는 제약이 가로막고 있을지라도, 이런 때 누군가 짧지만 영적 권위가 넘치는 대표 기도를 통해 하나님 앞으로 합심 기도를 이끌어 주면 그런 방해물들은 제거될 수 있습니다. 상대의 말이 비록 어눌할지라도 예수 그리스도의 이름으로 기도할 때는 상대의 흠을 잡으려는 우리의 모든 비판의 눈초리를 거둬들여야 합니다. 더불어 사는 그리스도인들의 삶에서 합심하여 기도하는 것은 사실 지극히 자연스러운 일입니다. 순수하고 성경적인 기도를 드리기 위해 머뭇거리는 것은 옳고 바람직하지만 그렇다고 해서 필요한 때 반드시 나와야 할 기도의 호흡을 꼭 틀어막아서는 안 될 것입니다. 우리의 기도 속에 예수 그리스도의 위대한 약속을 놓아 두셨기 때문입니다.

아침 예배를 마치면서 즉석에서 드리는 마무리 기도는 가장家長의 몫이라고들 말합니다. [21]

그 누가 되었던지 간에 해오던 사람이 계속 하는 것이 가장 좋을 듯싶습니다. 아침 예배 때마다 마무리 기도를 해야 하는 사람은 막중한 책임감을 느끼겠지만, 다른 사람을 꼬집기 위한 기도나 얼토당토않은 내용으로 기도하는 것을 방지하기 위해서 한 사람이 일정 기간 동안 공동체 전체를 위해서 마무리 기도하는 것이 좋습니다.

개인들이 공동체를 놓고 중보 기도할 수 있기 위해서는 그 중보자와 그의 중보 기도를 위한 공동체의 중보가

---

21 "가장家長"으로 직역된 독일어는 '하우스파더hausvater'이다. 본회퍼는 이 책 전반에 걸쳐, 가정과 생활 공동체와 신학교 공동체와 지역 교회와 지상의 모든 교회와 우주적 대교회 등 크고 작은 단위의 공동체를 그리스도와 연합한 또 그리스도의 중재로 '나와 너'가 더불어 이루는 '그리스도의 공동체로서 교회의 본질'이라는 지평선 안에서 통전적으로 바라보고 있다. 따라서 '하우스파터'란 단어는 각각의 크고 작은 단위의 그리스도의 공동체에서 지도자를 일컫는 의미로도 이해될 수 있다.

우선되어야 합니다. 공동체의 도움과 중보를 받지 않고 서야 어떻게 공동체에 '속한' 개인이 공동체를 '위해' 기도할 수 있단 말입니까? 서로를 찌르는 날카로운 비판의 언어들은 보다 더 신실한 중보 속에 서로를 세워주는 언어로 변해야 할 것입니다. 이 변화가 없음으로 인해 공동체가 얼마나 쉽게 깨져 갈라지고 마는지요!

매일 예배의 마무리 기도는 공동체의 목소리로 드려져야 하며 대표 기도하는 사람의 목소리로 드려져서는 안 됩니다. 공동체를 위해 마무리 기도하는 사람의 역할이 바로 이것입니다. 그렇기에 마무리 기도하는 사람은 일상의 삶을 공동체에 속한 사람들과 지척에서 나누면서, 그들의 관심과 필요가 무엇인지, 기쁨과 감사의 제목이 무엇인지, 그리고 기도 제목과 다른 사람들에 바라는 바가 무엇인지에 대해 훤하게 알고 있어야 합니다. 공동체를 위해 대표 기도하는 사람은 공동체의 사역과 그와 관련된 진행 사항들에 대해 소상히 알고 있어야 합니다. 그는 다른 믿는 형제와 자매들 가운데 한 일원으로서 기도하는 사람입니다. 그렇기에 대표 기도자는 자기 마음의 소원을 공동체의 소원으로 착각하고 있지 않은지, 사심 없이 공동체를 위한 기도의 직분에 충실하고 있는지, 늘 자기 스스로를 돌아보고 점검해야 합니다. 이런 이유로 인해서 마무리 기도자는 공동체의 다른 누군가로부터 공동체에 어떤 필요가 있고, 어떤 사역이 진행 중에 있으며, 혹은 어떤 사람이 있으니 잊지 말고 기도해 달라는 제안이나 요청 같은 귀중한 귀띔과 지원을 통해서 맡겨진 일을 잘 감당할 수 있습니다. 그렇게 되면 한 사람의 마무리 기도가 모두를 위한 공동체의 기도에 훨씬 더 가까워지게 됩니다.

아무리 즉석에서 드리는 마무리 기도라 하여도 일정한 틀이 있습니다. 마무리 기도는 자신의 마음에 있는 것을 두서없이 쏟아내는 행위가 아니라 나름의 체계와 규모를 지닌 공동체의 기도입니다. 비록 구체적인 내용은 바뀌어도 매번 제기되는 공통된 기도 요청이 있을 겁니다. 처음에는 공동체가 사명으로 여기는 몇 가지만을 붙들고 기도할 것입니다. 그러다가 점차 시간이 지나면서 지나치게 자기 관점에서만 비롯된 기도에 대한 경각심이 생길 것입니다. 그래서 공동체의 기도 제목에 개개인들의 기도 제목도 추가하기 시작한다면, 적당한 때를 보아 한 주에 걸쳐 기도할 제목도 미리 정해볼 수 있습니다. 만약 개인들의 기도 제목까지 붙들고 마무리 기도하는 것이 여의치 않은 상황이라면 개인 기도 시간에 다루도록 하면 됩니다. 즉석에서 하는 기도라 할지라도 그날 읽고 받은 성경 말씀을 붙들고 기도 한다면 기도의 방향성을 설정하는데 도움이 될 것입니다. 말씀이 우리의 기도를 붙들어 주고 기도할 바를 주십니다.

때때로 헌금 기도를 담당한 사람이 부담감을 이기지 못해 다른 사람이 대신해 주었으면 하고 바라는 경우가 있습니다. 이는 바람직하지 못합니다. 이런 일들이 쉽게 허용된다면, 기도 담당자들은 성령의 인도를 받는 삶이 아니라 감정에 따라 쉽게 좌지우지 되는 삶을 살게 됩니다. 공동체를 대표해서 기도 순서를 맡은 사람들은 내적 공허함이나 피곤함 혹은 죄책감의 무게에 눌려 맡은 책임으로부터 회피하여 도망치고 싶은 순간조차 공동체에 대한 의무를 짊어지고 있다는 것이 무슨 의미인지 배우는 기회로 삼아야 합니다. 공동체의 다른 형제와 자매들은 기도 담당자들의 기도할 수 없는 연약함과 무력함의 무게를 함께 감당해 주어야 합니다. 그러면 사도 바울이 한 말을 실제로 체험하게 될 것입니다.

"우리는 마땅히 무엇을 기도해야 할지 알지 못하지만 오직 성령께서 친히 말로 할 수 없는 탄식으로 우리를 위해 간구 하십니다"(롬 8:26).

공동체 전체가 기도 담당자들을 마치 자신의 처지처럼 이해해 주고 격려해 주고 서로 위하여 중보 기도해 줘야 함은 아무리 강조해도 지나치지 않을 만큼 중요합니다.

어떤 특정한 전통을 따르는 소규모 공동체에서는 기도문을 가지고 기도하면서 때로는 유익을 얻는 경우가 있습니다. 하지만 대부분의 경우 기도문을 이용한 기도는 참된 기도로부터 회피하는 행위입니다. 교회가 전통적으로 사용해 온 형식이나 집적해 온 신학적 사색들을 이용해서 기도하는 것은 우리 자신을 속이는 행위입니다. 그런 기도는 겉은 미려하고 심오해 보일지 몰라도 속은 비어 있습니다. 기도에 대한 특정 교회의 전통이 비록 기도하는 법을 배우는 것에 도움이 될지 몰라도, 그럼에도 오늘 내가 하나님께서 드려야 할 그 기도를 대신할 수는 없습니다. 그렇기에 계속 듣고 있기 힘들 정도로 더듬더듬 말하는 기도조차 제 아무리 화려한 명문장으로 수놓은 기도문보다 나은 법입니다. 그렇지만 매일 아침마다 각자의 생활 처소에서 드리는 예배가 아닌 교회로 모여 드리는 공☆ 예배라면 당연히 문제가 달라집니다.

아침 예배 때 갖는 기도 모임 그 이상의 기도 모임에 대한 사모함이 그리스도인들의 생활 공동체에 있을 것입니다. 그런 기도회를 위해서 한 가지 외에는 별달리 필요한 원칙은 없을 듯합니다. 먼저는 공동체 전체적으로 기도회에 대한 소원함이 있어야 하고, 또 실제로 온 공동체가 기도회로 모여야 합니다. 몇몇 개인들의 열정으로 기도 모임을 시작하면 자칫 공동체를 부패하게 만들 씨를 뿌리는 일이 될 수 있습니다. 강한 자가 약한 자를 섬기되 그렇다고 약한 자가 강한 자를 다스리지 않는 원칙이 지켜져야 할 곳이 있다면 바로 기도회입니다. 신약성경은 기도할 자유가 있는 공동체야말로 가장 투명하고 솔직한 곳이며, 서로를 의심 없이 바라봐야 할 곳이라고 가르치고 있습니다. 하지만 불신과 불안이 존재하는 곳에서 상대를 향해 마땅히 품어야 할 우리의 자세는 바로 인내입니다. 그 어느 것 하나라도 강제로 이루어질 것이 아니라 자율과 사랑으로 이루어져야겠습니다.

지금까지 일상을 더불어 살아가는 그리스도인의 공동체가 아침마다 드리는 예배에 대해서 다루었습니다. 공동체의 하루는 하나님의 말씀과 교회가 부르는 찬송, 그리고 믿음으로 드리는 합심 기도와 함께 시작됩니다. 날마다 함께 모여 하늘로부터 내려오는 영생의 양식을 받아먹고 힘을 얻을 때에만 이 땅을 살아가기 위한 육의 양식 또한 하나님으로부터 받게 됩니다. 감사를 드리고 축복을 간구하는 가정 교회 공동체 위에 주님께서 손수 일용할 양식을 공급해 주십니다. 예수 그리스도께서 그 제자들과 식탁에 둘러앉으신 그날 밤 이후 처음으로, 그가 베푸는 성찬에 참여한 두 사람은 주의 얼굴을 친히 뵙는 복을 누렸습니다. "예수께서 그들과 함께 상에 기대어 앉아 빵을 들고 감사 기도를 드린 후 떼어 그들에게 나눠

주셨습니다. 그제야 그들의 눈이 열려 예수를 알아보았습니다"(눅 24:30-31). 성경은 예수님과 함께 식탁의 교제에 참여하는 세 부류의 공동체에 대해 이야기하고 있습니다. 매 식사 때마다 함께 떡을 떼어 먹는 공동체, 성찬식에서 함께 떡을 떼어먹는 공동체, 그리고 하나님의 통치가 충만히 도래하는 마지막 때에 함께 떡을 떼어 먹는 공동체. 그런데 공통적으로 이 세 부류의 공동체 모두 "그들의 눈이 열려 예수를 알아보는" 복을 누립니다. 이 식탁의 교제를 통해서 예수 그리스도를 알아보게 되었다는 것이 대체 무슨 뜻일까요? 첫째로, 그리스도를 이 모든 축복을 베푸시는 이로, 성부와 성령과 함께 이 세상을 창조하신 창조자시요, 또한 세상의 주±로 인정하게 된다는 뜻입니다. 그렇기에 식탁에 둘러앉은 공동체는 "우리에게 베풀어 주신 것들을 축복하여 주옵소서"[22]라고 기도하면서, 예수 그리스도께서 영원 전부터 영원까지 성자되심을 믿는다고 선언합니다. 둘째로, 식탁에 둘러앉은

---

22 마틴 루터의 '식사 전 기도문'의 첫 구절에서 발췌 "주 예수 그리스도시여, 오셔서 우리의 손님이 되어 주시옵소서. 그리고 우리에게 베풀어 주신 것들을 축복하여 주옵소서."

공동체는 창조된 모든 것이 예수 그리스도로 인해, 즉 그의 말씀과 선포로 인해 보존되었으므로 이 세상을 살아가는데 필요한 모든 은총 또한 그로 인해 베풀어짐을 깨닫게 된다는 뜻입니다. 그리스도는 참된 생명의 양식입니다. 생명의 양식을 주시는 분인 동시에 그 자신이 생명의 양식이십니다. 그를 위하여 모든 좋은 것들이 창조되었습니다. 아직은 우리의 믿음이 완전치 못하기 때문에 하나님은 당신의 특별한 은총 가운데 우리를 오래 참아주심으로 붙들고 계십니다. 예수 그리스도의 말씀이 계속해서 우리의 믿음을 찾아와 만나주십니다. 이런 이유로 함께 떡을 떼는 성도들은 기도합니다. 루터 선생님은 이렇게 기도했습니다.

"오 주 하나님, 하늘의 아버지시여, 우리를 축복하시되 당신의 넘치는 선하심을 따라 예수 그리스도 우리의 주님을 통하여 우리에게 베풀어 주신 것들을 축복하여 주소서 아멘."[23]

---

23 마틴 루터의 《소요리 문답》 중 〈매일의 기도〉에 수록된 '식사 전 기도'에서 발췌.

이렇게 기도하면서 거룩하신 중재자이시요 또한 구원자 되시는 예수 그리스도를 향한 우리의 믿음을 고백합니다. 셋째로, 그리스도는 그를 따르는 사람들의 요청이 있는 곳마다 찾아와 주셔서 더불어 지내기를 즐거워하시는 분임을 믿는다는 뜻입니다. 그래서 성도들은 이렇게 기도합니다. "주 예수 그리스도시여, 오셔서 우리의 손님이 되어 주옵소서." 예수 그리스도는 어디에나 어느 때나 고맙게도 찾아와 주시는 분임을 고백하는 것입니다. 그리스도인들이 함께 떡을 떼는 곳이라면 어디에나 찾아오시는 주시오, 또한 하나님이신 예수 그리스도로 인해 그에게 속한 사람들의 마음은 늘 감사로 차고 넘칩니다. 물질적인 복을 영적인 차원으로 지나치게 비약시키고 있는 게 아닙니다. 도리어 좋은 것들로 물질적인 필요가 채워진 것에 대한 감격 속에 믿음의 눈이 뜨여져 이 모든 좋은 것들을 주시는 분이 주님이심을 알아보게 되는 것입니다. 그리고 더 나아가, 주님이야말로 가장 좋은 선물인 생명의 양식이심을 알아보게 된 것이고, 왕이신 하나님이 베푸시는 기쁨의 잔치로 우리를 친히 초대하는 분이심을 알아보게 된 것입니다. 그래서 매일 함께 떡을 떼는 사람들은 특별한 방식으로 그들의 주님과 서로에게 묶이게 됩니다. 함께 둘러앉은 식탁에서 그리스도인들은 그들을 위해 친히 떡을 떼어 주시는 주님을 알아보게 됩니다. 바로 믿음의 눈이 열리는 순간입니다 (눅 24:13-32).

떡을 함께 뗀다는 것은 잔치를 벌인다는 뜻입니다. 일하는 시간 도중에 함께 식사를 함으로써 하나님께서도 일하신 끝에 쉬셨음을 기억하고, 또 한 주 동안 우리가 땀흘리며 일하는 모든 수고의 의미와 목적이 바로 주말의 안식임을 주지시켜 줍니다. 우리의 인생이 피땀과 수고만으로 점철되어 있지 않습니다. 하나님의 선하심 속에서 살맛나는 기쁨을 맛보기도 합니다. 노동은 우리가 하지만, 우리를 먹이시고 입히시는 이는 하나님이십니다. 그렇기에 우리는 잔치를 열어 하나님을 기뻐하는 것입니다. 헛된 수고의 떡을 먹기보다는 (시 127:2) "기쁨으로 네 음식을 먹고" (전 9:7) "인생을 즐거워하라고 서로서로 권합니다. 사람이 먹고 마시고 즐거워하는 것보다 해 아래에서 더 좋은 것이 없기 때문입니다" (전 8:15). 말할 필요조차 없이 "그분께서 주시지 않고서야, 누가 먹을 수 있으며, 누가 즐길 수 있겠습니까?" (전 2:25, 표준새번역).

모세와 아론과 함께 시내 산에 올라갔던 이스라엘의 70인 장로들은 하나님을 뵙고, 그의 앞에서 먹고 마셨습니다 (출 24:11). 음식을 앞에 두고 투정을 부린다거나, 격식을 차린다고 점잖은 척 하거나, 아니면 미처 처리하지 못한 다른 일에 신경이 온통 쏠려 있거나, 심지어 초라한 음식들로 인해 자괴감에 빠져 기쁨의 축제가 되어야 할 식사 시간을 망쳐버린다면 하나님께서 불쾌해 하실 겁니다. 일하는 시간 사이에 마련되는 식사 시간을 통해서 하나님은 우리로 하여금 인생을 기뻐하고 즐기도록 초대하십니다.

성찬식에 초대받은 그리스도의 몸 된 공동체 역시 식탁 앞에서 즐겁고 기뻐할 의무가 있습니다. 공동체가 먹는 떡은 '나'의 양식이 아닌 '우리'의 일용할 양식이라 가르쳐 주셨습니다 (마 6:11). 한 양식을 더불어 나눠 먹으라는 뜻입니다. 같은 양식을 더불어 나누어 먹음으로 우리는 서로와 영적으로만 묶여 있지 않고 육적으로도 묶여 있습니다. 공동체에 주어진 한 떡을 먹는 우리는 언약의 한 끈으로 단단히 묶여 하나가 됩니다 (고전 10:17). 그런 이유로 떡을 먹고 배부른 자가 있는 반면 굶주린 자가 있어서는 안 될 것입니다. 육적으로 묶여 더불어 살아가는 공동체를 흩어버리는 자들은 영적으로 묶인 공동체를 흩어버리는 자들입니다. 영과 육은 떼려 하여도 뗄 수 없이 연결되어 있기 때문입니다. "너희 음식을 굶주린 사람에게 나누어 주고," (사 58:7) "굶주림에 허덕이는 사람을 더 고달프게 하지 말아라" (집회서 4:2, 공동번역) 일러주고 있으니, 이는 주님께서 배고픈 자의 모습으로 우리에게 찾아오시기 때문입니다 (마 25:37). "만일 형제나 자매가 헐벗고 매일 먹을 양식도 없는데 여러분 가운데 누가 그들에게 "잘 가라. 따뜻하게 지내고 배불리 먹으라"고 말하며 "육신에 필요한 것을 주지 않는다면 무슨 소용이 있겠습니까?" (야 2:15-16). 더불어 나누어 먹는다면 제 아무리 적은 양의 떡이라도 모든 사람들에게 충분하게 돌아갈 것입니다. 배고픔이란 자기 자신의 배부름을 위해 저마다 자기 양식을 꼭꼭 숨겨둘 때 시작됩니다. 하나님은 이런 법을 주신 적이 없으십니다. 물고기 두 마리와 보리떡 다섯 개로 오천 명을 배부르게 먹이신 기적 이야기가 배고픔에 대해 다루고 있는 다른 하나님의 법들과 더불어 우리에게 주는 교훈이 이것이 아니겠습니까? (마 14:13-21).

떡을 더불어 나누어 잠시 잠깐 생명을 주는 육의 양식을 먹으면서 이 땅에서 잠시 잠깐 순례자로 살다가는 인생임을 배웁니다. 하지만 이 땅에서 이 떡을 더불어 나누어 먹는 자들이 언젠가는 하늘에 계신 아버지의 집에서 썩지 않을 영원한 생명의 양식을 받아먹게 될 것입니다. "하나님 나라에서 먹는 사람은 복이 있습니다" (눅 14:15).

아침 이른 시간부터 저녁 무렵까지 우리는 일합니다. "사람은 일하러 나와 저녁때까지 수고합니다" (시 104:23).

더불어 살아가는 그리스도의 공동체도 일하는 시간 대부분 동안은 흩어져서 지냅니다. 기도와 노동은 서로 다릅니다. 일하느라 지쳐서 기도에 지장을 주어서도 안 되지만, 기도 하느라 일에 지장을 주어서도 안 됩니다. 하나님께서 인간에게 엿새 동안 일하고 일곱째 날에는 하나님의 존전 앞에서 휴식하고 즐길 것을 명하셨듯이, 엿

새 동안 기도와 노동으로 살아가는 것이 그리스도인들을 향한 하나님의 뜻입니다. 물론 기도할 때도 시간을 따로 내어야 합니다. 하지만 노동이야말로 하루 중 가장 많은 시간을 차지하는 활동입니다. 기도와 노동이 서로의 시간을 침해하지 않을 때 둘 사이를 떼어놓으려 해도 뗄 수 없는 관계가 비로소 명확히 이해될 것입니다. 하루의 고된 노동 없이 드리는 기도는 기도가 아닙니다. 기도 없이 행하는 노동 역시 노동이 아닙니다. 이는 그리스도인들에게만 알려진 비밀입니다. 기도와 노동의 차이를 명확히 구분할 수 있을 때 비로소 이 둘의 하나 됨이 또한 분명하게 보일 것입니다.

노동을 통해 인간은 물질의 세계와 만나 그 안에서 무언가를 성취하게 됩니다. 노동을 통해 그리스도인들은 주관적인 '나'의 세계로부터 나와 객관적인 '그것'의 세계로 들어갑니다. '그것'의 세계와의 만남으로 인해 그리스도인들은 주관성으로부터 자유를 얻어 객관성을 누리게 됩니다. '그것'의 세계야말로 그리스도인들에게 들러붙어 있는 자아도취와 이기심을 태워 없애는 하나

님의 손에 들린 화염火焰입니다. '그것'의 세상에서 노동
하며 자신을 잊을 때, 즉 노동의 당위성과 직면하는 현실
사이에서 노동하며 자신에 대해서 잊어버릴 때 무언가
를 성취할 수 있습니다. 그리스도인에게 있어 노동은 자
신이 살아가고 있는 '그것'의 세상에 경계선을 긋는 작
업입니다. 그렇기에 노동은 육신의 무기력함과 게으름
에 대한 처방안 입니다. 육신의 안락과 쾌락은 물질세계
에서 죽습니다. 하지만 이 죽음은 '그것'의 경계선을 넘
어 '영원자 당신' 되시는 하나님께로 갈 때만이 이루어
집니다.

하나님은 우리에게 일하고 행하도록 명하시는 분이시
고, 이를 통해 우리가 자기 자신으로부터 자유롭기를 의
도하십니다. '그것'의 세계를 지나 하나님을 만나러 가
는 과정에도 노동의 가치는 여전히 유효하게 보존됩니
다. 그리고 이 가치를 아는 자들만이 보다 근면하고 고된
노동으로 몸을 불사릅니다. '그것'과의 투쟁이 아직 끝
나지 않은 것입니다. 하지만 그러면서도 이미 타개점打開
點에 이르렀습니다. 노동을 통해 성취하는 '그것' 너머

에 서 계시는 '당신' 되신 하나님과의 만남 속에 기도와 노동은 화해를 이루어 우리에게 온전한 하루를 선물합니다. 그래서 사도 바울은 단단히 일러둡니다. "쉬지 말고 기도하십시오"(살전 5:17). 그러므로 그리스도인들의 기도는 기도하는 시간의 경계를 넘어 노동의 영역까지 미치는 것입니다. 기도의 손이 하루를 감싸 안음으로 그 안에서 이루어지는 노동을 방해하지 않게 됩니다. 도리어 노동에 힘과 신념을 불어 넣으며, 의미와 보람을 줍니다. 그렇기에 하루에 이루어지는 모든 말과 행동과 노동은 그리스도인의 기도가 됩니다. 그리스도인의 기도는 그날에 반드시 마쳐야 할 일과 전혀 상관없는 뜬구름 잡는 기도가 아니라, 딱딱한 '그것'을 꿰뚫고 은혜로우신 '당신'을 향해 나아가는 돌파력입니다.

"말이든 일이든 무엇을 하든지 그 모든 것을 주 예수의 이름으로 하십시오"(골 3:17).

기도와 노동이 화합을 이룰 때 그날의 계획과 일정에도 윤곽이 잡혀 하루가 온전해지게 됩니다. 그날의 계획과 일정을 모색하고 결정하는 시간은 다름 아닌 아침 기도 시간입니다. 아침에 드린 기도는 하루 동안 일하면서 받게 될 여러 시험을 이겨내게 해 줍니다. 즉, 아침 기도가 하루 전체를 결정합니다. 아침 기도를 무시하게 되면 부끄럽게도 시간을 낭비하게 되고, 여러 유혹들에 넘어가고, 일하다가도 쉽게 포기하고 좌절하며, 무질서하고 규모 없이 일을 계획하고 다른 사람들과 거래하며 하루를 보내게 됩니다. 하루를 위한 탄탄한 계획과 일정은 아침 기도를 바탕으로 세워집니다. 일하면서 받게 되는 여러 유혹들은 기도를 통해 하나님께 나아감으로 극복될 수 있습니다. 다른 사람의 눈치를 보지 않고 하나님 앞에 서서 사업 결정을 내릴 때 보다 간단해지고 수월해 집니다.

"무슨 일을 하든지 사람에게 하듯 하지 말고 주께 하듯 마음을 다해 하십시오" (골 3:23).

매일 같은 일을 반복하는 지루한 공장일도 하나님을 알고 그의 뜻을 이해하면서 행할 때 보다 인내심을 가지고 일할 수 있습니다. 그날의 일을 감당할 힘을 달라고 하나님께 부탁하면 보다 활력 넘치게 일할 수 있습니다.

현실적인 여건이 허락된다면, 정오 한 때를 하루의 긴

여정 중간에 잠시 갖는 휴식 시간으로 활용해도 되겠습니다. 이 시간에 함께 모여 하나님께 감사하고 남은 오후 시간 동안도 지켜달라고 기도하며 보내는 것입니다. 개혁 교회 찬송가를 부르며 점심 식사를 받아 기도합니다.

"거룩하신 하나님, 당신의 자녀들을 먹이소서. 가련하고 천한 죄인들을 위로하소서"[24]

우리 가련한 죄인들은 아무런 가치가 없는 자들이기 때문에 자신을 스스로 먹일 수도 없고, 또 그렇게 하기를 감히 꿈꿀 수도 없습니다. 하나님께서 주시는 양식은 고된 인생을 사는 자들에게 주시는 하나님의 위로입니다. 일용할 양식은 그의 자녀들을 친히 보호하시고 인도하시는 하나님의 은혜와 성실하심의 증표이기 때문입니다. 그래서 성경은 "누구든지 일하기 싫으면 먹지도 말라" (살후 3:10). 똑 부러지게 말씀하고 있고, 하나님께로부터 양

---

24 《루터교 찬송가》제275번.

식을 받기 위해서는 그만한 일을 해야 한다는 원리를 분명하게 못 박아 두고 있습니다. 하지만 그렇다고 하여 그만한 일을 했으니 하나님께 그만큼의 양식을 달라고 요구할 당연한 권리가 사람에게 있다고 성경 어디에도 말씀하고 있지 않습니다. 일한 사람이 받는 것은 사실이지만, 양식은 '보상'이 아닌 하나님께서 당신의 자유의지와 은혜로 주시는 '선물'입니다. 그렇기에 우리가 일해서 양식을 얻었다고 여겨서는 안 되고, 다만 하나님의 은혜의 수단으로 여김이 마땅합니다. 오직 하나님 한 분만이 하루의 주인이십니다. 그래서 하루의 절반 즈음에 공동체는 함께 모여 그들의 식탁으로 하나님을 초대합니다. 정오는 교회가 시편을 가지고 기도하기 위해 일곱 번 정해 둔 시간 중 한 번입니다.[25]

태양이 하늘 가장 높은 곳에 다다랐을 때 그리스도의 몸 된 공동체는 하나님의 행하신 놀라운 일들을 찬양하고, 또 그가 자신들을 어서 속히 구속해 주실 것을 간구하면서, 삼위일체 하나님의 이름을 부릅니다. 이 정오 시간에 우리 주님 달리신 십자가 주위로 하늘이 온통 어둠에 뒤덮였습니다 (막 15:33). 그리고 속죄제가 그 갈무리로 향하고 있었습니다. 더불어 사는 그리스도인들이 이 시간에 간단한 예배로 모여 찬송을 부르고 기도하는 것은 결코 근거 없는 무의미한 행위가 아닙니다.

하루의 노동이 끝이 납니다. 그날의 일이 고되기에 우리 그리스도인들은 파울 게르하르트Paul Gerhardt가 작곡한 찬송가 가사에 저마다 이심전심이 됩니다.

"머리와 손발이 다 곤한데 / 하루가 저물어 가니 다행일세 / 비로소 일을 놓을 수 있으니 / 내 마음은 안도감으로 물드니 / 땅과 죄가 주는 모든 수고와 고생으로부터 / 하나님께서 쉼을 허락하심이라."[26]

믿음을 지키기에 하루는 충분히 긴 시험의 시간입니

---

25 로마 가톨릭 교회는 하루에 일곱 번 시간을 정해 두고 기도하는 예식으로 지킨다. 유대교인들은 보통 하루에 세 번 기도하는데(해 뜰 때, 제사 드리는 오후 3시, 그리고 해질 때), 기독교 교회는 이들보다 더 많이 기도해야 한다는 의미로 본회퍼는 아침 6시로부터 여섯 번째 시간이 되는 정오에 드리는 기도인 '여섯 번째 시간'를 지칭하고 있다.

다. 내일은 내일의 걱정이 찾아오겠지요.

더불어 살아가는 그리스도인들의 공동체는 다시 모여 듭니다. 저녁 식탁에 둘러앉아 음식을 나누고, 그날의 마지막 예배를 함께 드립니다. 엠마오로 가는 제자들과 같이 주님께 간청합니다. "저녁이 다 됐으니 여기서 우리와 함께 계시지요. 날이 다 저물었습니다"(눅 24:29). 저녁 예배를 끝으로 하루의 모든 일정이 끝나도록 하여 잠자리에 들기 전 그날 마지막으로 듣게 되는 말이 하나님의 말씀이 되면 좋습니다. 밤이 찾아들면 참된 빛이신 하나님의 말씀이 예배하는 자들을 위해 보다 더 환한 빛을 발합니다. 시편을 통한 기도, 성경 읽기, 찬송가 그리고 합심 기도의 문이 열려지면서 우리의 하루의 문은 닫힙니다. 저녁 기도 때 어떤 내용을 가지고 기도해야 할지에 대해 몇 마디 더하려 합니다. 이 시간이야말로 특별히 합심하여 중보 기도할 자리입니다. 하루의 모든 수고가 끝난 후에 전 세계 모든 교회와 우리의 몸 된 공동체와 목회자들의 사역과 가난한 자들과 가엾고 외로운 자들과

---

26 《루터교 찬송가》제280장, '이제 모든 나무들 잠들었네'의 5절.

병들어 죽어가는 자들과 우리의 이웃들과 가족들과, 그리고 속한 공동체에 하나님의 축복과 평강과 보호하심이 임하도록 기도하는 것입니다. 우리의 하던 일을 모두 내려놓고 하나님의 신실하신 손에 우리 자신을 내어 맡기는 이 시간이 아니면 언제 하나님의 능력과 역사를 깊이 깨닫겠습니까? 우리의 모든 분주함을 내려놓는 이 시간이 아니면 언제 하나님의 축복과 평강과 보호하심을 간구하기 위해 우리 자신을 보다 바르게 가다듬겠습니까? 우리의 손이 지쳐갈 때 하나님의 손은 일하십니다. "이스라엘을 지키시는 그분은 졸지도 않으시고 주무시지도 않으십니다"(시 121:4). 하나님과 서로에게 범한 우리의 모든 과오에 대해 용서를 구하는 간구와 우리에게 잘못한 자들을 기꺼운 마음으로 용서하는 마음 주시기를 구하는 간구가 더불어 사는 그리스도인 공동체가 드리는 저녁 기도에서 들려옵니다. 이렇게 서로의 용서를 구하는 것은 수도원들의 오래된 전통의 하나로, 저녁 예배 중 한 순서를 정해 수도원장이 수사 형제들에게 그날 하루 동안 자신이 그들에게 범했던 과실과 태만의 모든 죄들을 용서해 주기를 구합니다.

"화를 내어도 죄를 짓지 마십시오. 해가 지도록 화를 품지 마십시오"(엡 4:26).

이로보아, 모든 그리스도의 공동체는 하루 동안 공동체를 갈라놓은 모든 불화의 질병들을 남김없이 치유하는 시간을 저녁에 반드시 가져야 하겠습니다. 울분이 채 가라앉지 않은 마음을 지닌 채 잠자리에 드는 것은 매우 위험스럽기 짝이 없습니다. 그렇기 때문에, 매일 저녁 기도 시간마다 서로에게 용서를 구하는 시간을 특별히 마련하여, 화해가 찾아들고 공동체가 새로워지는 역사가 일어나야겠습니다. 마지막으로, 교회 전통을 살펴보면 잠든 사이에 마귀와 공포와 악몽과 급작스런 죽음으로부터 지켜달라고 간구한 사례가 얼마나 놀랍도록 자주 발견되는지 모릅니다. 초대 교인들은 인간이 잠든 사이에 스스로 어찌할 수 없는 상태에 빠진다는 것을 잘 알고 있었습니다. 잠과 죽음이 친척지간이라는 사실도, 그리고 사람이 잠들어 무방비 상태에 있을 때 마귀가 교묘한 방법으로 파멸의 함정을 파둔다는 사실도 날카롭게 꿰뚫고 있었습니다. 그래서 그들은 잠든 사이 천사들이 그들의 황금 무기로 자신들을 도와주기를 기도했고, 사단이 그 힘으로 자신들을 사로잡으려 할 때 천군이 내려와 주기를 기도했습니다. 하지만 초대 교회가 드렸던 가장 인상 깊고 감명 깊은 간구는 이것으로, 비록 우리의 눈은 잠들어 감겼을지라도 우리의 영은 하나님을 향해 계속 깨어 있도록 간구했습니다. 즉 하나님께서 우리 안에 함께 거하시도록 기도한 것이고, 우리의 감각과 지각이 수면 상태에 있을지라도 하나님께서 우리의 영을 모든 근심과 유혹으로부터 순전하고 거룩하게 지켜주시기를 기도한 것이고, 그리고 언제라도 우리를 부르실 때 그 음성을 듣고 깨어 어린 시절 사무엘처럼 응답하기를 기도한 것이었습니다. "말씀하십시오. 주의 종이 듣고 있습니다"(삼상 3:10). 잠든 사이에도 우리는 하나님의 손에 붙들려 있든지 아니면 사단의 권세 아래 놓이게 됩니다. 잠든 사이에도 하나님은 우리에게 기적을 베푸시고, 사단 역시 우리를 파멸로 빠뜨릴 수 있습니다.

"우리의 눈은 감길지라도 / 우리의 영은 당신 안에 안전히 거하네 / 하나님이시여, 당신의 오른팔로 우리를 보호하소서 / 죄악이 입히는 처참한 해로부터 우리의 영혼을 지켜주소서."[27]

하지만 시편 기자는 아침에도 저녁에도 노래합니다. "낮도 주의 것이요, 밤도 주의 것입니다"(시 74:16).

---

27 독일 찬송집《새노래》제303번.

Dietrich Bonhoeffer
Dietrich Bonhoeffer
Dietrich Bonhoeffer
Dietrich Bonhoeffer

3장

홀로 거하는
하루에 대한 묵상

LIFE TOGETHER

"오 하나님이여, 침묵의 찬송이 시온에서 주를 기다립니다" (시 65:1)

많은 사람들이 외로움에 대한 두려움 때문에 공동체를 찾습니다. 홀로 있는 것을 견디지 못하기 때문에 다른 사람들과 함께 있으려 하는 것입니다. 그리스도인들 중에서도 혼자 있는 것을 견디지 못하거나 홀로 끔찍한 경험을 겪은 사람들은 다른 이들과 함께 있으면서 위안을 찾으려 합니다. 하지만 이내 실망하곤 합니다. 그리고 실제 원인은 자신에게 있음에도 공동체를 비난합니다. 그리스도의 공동체는 '영적 요양원'이 아닙니다. 겉보기에는 꽤나 영적인 것처럼 보이지만 알맹이는 비어 있는 대화나 여러 분주한 활동에 빠져 자신으로부터 도망쳐 공동체 속에 파묻히기 원하는 사람들이 공동체를 오용하려는 것입니다. 실제로 그런 사람들은 공동체의 본질을 추구하는 것과는 거리가 전혀 멀고, 그저 잠시라도 외로움을 잊기 위해 일단의 짜릿함을 추구하는 것뿐입니다. 그런 식으로 공동체를 이용하는 행태야말로 인간을 처절한 외로움으로 몰아넣는 원인이 됩니다. 외로움을 치유하고자 하는 그런 인간적인 노력들이 도리어 참된 치유책이 되는 진실한 대화와 교제, 그리고 마침내 이르러야 할 자기 체념과 영적인 죽음을 훼방합니다.

누구든지 홀로 거하지 못하는 사람은 공동체에 속해 더불어 사는 것을 쉽게 생각해서는 안 됩니다. 그러다 자칫 자신뿐만 아니라 공동체에도 상처를 입힐 수 있습니다. 하나님의 부름을 듣는 자마다 그분 앞에 홀로 서게 됩니다. 하나님의 음성에 홀로 순종해야 합니다. 홀로 자신의 십자가를 지고, 홀로 투쟁하며, 홀로 기도하고, 그리고 홀로 죽어 하나님의 심판대 앞에 홀로 서게 됩니다.

우리를 선택하셔서 따로 구별 지으신 분은 하나님이시기에 자신을 외면하고 피할 선택이 우리에게 전혀 없습니다. 홀로 거하고 싶지 않은 사람은 그리스도의 부르심을 거부하는 사람이며, 그렇기에 부름 받은 사람들의 공동체에서 설 자리가 없는 사람입니다. "인간은 하나같이 죽음과 그 숙명을 마주하게 됩니다. 그렇기에 그 누구도 다른 이를 대신해서 죽어줄 수 없습니다. 저마다 죽음에 맞서 홀로 투쟁해야 합니다. 이 싸움에서 제가 당신을 도울 수 없고, 당신 또한 저를 도울 수 없습니다" 마틴 루터.

앞뒤 순서를 바꾸어 말해도 옳습니다. 누구든지 공동체에서 더불어 살지 못하는 사람은 홀로 거하는 것을 쉽게 생각해서는 안 됩니다. 우리는 믿음의 공동체에 속하도록 부름 받은 사람들입니다. 당신만 홀로 이 부르심을 받지 않았습니다. 부름 받은 당신은 믿음의 공동체 안에서, 즉 부름 받은 사람들의 공동체 안에서 자신의 십자가를 지고, 자신의 싸움을 싸우며, 기도하는 것입니다. 죽는 순간에도 당신은 홀로가 아니며, 심판의 날 이후로 당신은 예수 그리스도를 믿는 허다한 무리의 일원이 되는 것입니다. 만약 다른 형제와 자매들이 모여 이룬 공동체를 무시하고 깎아내린다면 그것은 다름 아닌 당신을 향한 예수 그리스도의 부르심을 외면하는 것입니다. 그렇게 되면 홀로 거하는 것이 당신을 해치는 일이 아니고 무엇이겠습니까. "죽는 순간에 저는 홀로이지 않을 겁니다. 고난 받는 중에 믿음의 형제들이 저와 함께 고난 받을 것입니다" 마틴 루터.

그렇기에 공동체에서 더불어 살 때 비로소 홀로 거할 수 있고, 또한 홀로 거하는 사람이 공동체에서 더불어 살 수 있음을 배웠습니다. 이 둘은 서로에게 속해 있습니다. 더불어 사는 공동체 안에서만 온전히 홀로 거하는 것이 어떤 것인지 배울 수 있습니다. 그리고 홀로 거할 때만이 공동체에서 더불어 사는 것이 어떤 것인지 배울 수 있습니다. 닭이 먼저냐 달걀이 먼저냐의 문제라기보다는 예수 그리스도의 부름과 함께 동시에 시작되는 것이라 하겠습니다.

각각 헤어나기 힘든 함정과 덫이 있습니다. 고독 없이 공동체 생활만을 추구하는 사람은 공허한 말과 감정에

치우치게 됩니다. 반면 공동체 생활 없이 고독만을 추구하는 사람은 끝 모를 허무와 자아도취와 절망 속에 좌절하고 주저앉게 됩니다.

누구든지 홀로 거하지 못하는 사람은 공동체에 속해 더불어 사는 것을 쉽게 생각해서는 안 됩니다. 누구든지 공동체에서 더불어 살지 못하는 사람은 홀로 거하는 것을 쉽게 생각해서는 안 됩니다.

홀로 거하는 각자의 하루하루가 씨줄과 날줄이 되어 더불어 살아가는 공동체의 하루를 엮어 갑니다. 이렇게 되어야 제대로 된 것입니다. 홀로 거함 없이 더불어 살아가는 하루는 개개인이나 공동체 모두에게 헛수고일 뿐입니다.

공동체를 상징하는 것이 '대화'라면, 고독을 상징하는 것은 '침묵'입니다. 침묵과 대화는 홀로 거함과 더불어 거함의 관계와 마찬가지로 같은 듯 하지만, 또한 다릅니다. 그러면서도 하나가 없으면 나머지 하나도 없습니다. 진솔한 대화는 침묵의 뿌리로부터, 그리고 침묵은 진솔한 대화의 뿌리로부터 시작합니다.

대화가 반드시 잡담을 뜻하지 않듯이, 침묵은 언어장애를 뜻하지 않습니다. 침묵을 창출하는 것은 언어장애가 아니고, 공동체를 창출하는 것은 잡담이 아닙니다. "침묵은 대화의 극치요, 대화로 만취한 상태요, 그리고 대화를 위한 제물입니다. 하지만 언어장애는 온전치 못한 것일 뿐입니다. 희생된 것이 아니라 못쓰게 된 것입니다. 제사장 스가랴는 스스로 침묵한 것이 아니라 언어장애에 걸렸습니다 (눅 1:5-23 참조). 그가 하나님의 계시를 믿었다면 언어장애가 아닌 침묵 속에 성전을 걸어 나왔을 것입니다" 어네스트 알로 Ernest Hello(프랑스 비평가). 공동체를 재결속 시키고 하나로 묶는 대화는 침묵을 동반합니다. "입을 다물 때와 열어 말할 때가 있습니다" (전 3:7). 그리스도인의 더불어 살아가는 하루에 특별히 예배와 합심 기도 시간처럼 하나님의 말씀을 말해야 하는 시간이 분명 있어야 하듯이 하나님의 말씀과 그 말씀으로부터 나오는 침묵 아래 잠잠해야 할 시간도 분명 있습니다. 이 침묵의 시간은 주로 하나님의 말씀을 듣기 전과 들은 후가 되어야 할 것입니다. 하나님의 말씀은 소리 내어 떠벌리는 사람이 아닌 잠잠히 기다리는 사람에게 임합니다. 그래서 말씀 속에 거하시는 하나님의 거룩하신 임재가 있는 성전은 늘 고요합니다.

침묵은 말씀 안에 드러난 하나님의 계시를 경멸하고 무시하는 태도라며, 침묵에 대해 썩 호의적이지 않고, 심지어 부정적인 시선이 있습니다. 반대로 하나의 엄숙한 의식으로서, 계시된 말씀 너머 어떤 신비한 종교적 체험에 대한 갈망으로 오해되는 경우도 있습니다. 말씀과의 관계 속에서 그 본질적 의미를 얻게 되는 침묵은 하나님의 말씀 아래 거하는 사람에게서 나타나는 단순한 인간적인 반응이 아닙니다. 하나님의 말씀을 들을 때 우리의 세치 혀 역시 하나님의 말씀에 집중하기 때문에, 마치 어린 아들이 아버지가 계시는 방에 들어갈 때처럼 우리는 침묵하는 것입니다.

하나님의 말씀을 들은 후에도 말씀은 계속해서 말씀하시고 살아 우리 안에 거하시기 때문에 우리는 계속해서 침묵합니다. 새날의 첫 번째 언어는 하나님의 것이기에 이른 아침 침대에서 일어나면서 우리는 침묵합니다. 그날의 마지막 언어도 하나님의 것이기에 늦은 저녁 침대에 눕기 전에도 우리는 침묵합니다. 우리는 오직 말씀으로 인하여 침묵합니다. 말씀을 깎아내리기 위해서가 아니라 도리어 높이고 온전히 받기 위해서 침묵합니다. 결국 침묵은 다른 무엇이 아니라 하나님의 말씀에 대한 기다림이요, 말씀으로부터 맺히는 복된 열매인 것입니다. 본질을 잃은 가벼운 말들이 난무하는 이 시대에 이 진리를 깨달을 필요가 있습니다. 참된 침묵과 침잠과 과묵은 오직 신령한 침묵이 만들어내는 인고의 열매라는 진리 말입니다.

말씀 앞에서 이루는 침묵은 온 종일 우리의 삶에 영향을 미칩니다. 하나님 말씀 앞에서 잠잠해지는 법을 배운다면 남은 하루 동안 살면서 침묵해야 할 때와 말해야 할 때를 분별하는 법 또한 배우게 될 것입니다. 침묵은 금기^{禁忌}의 표현이 될 수도, 자아도취의 표현이 될 수도, 교만의 표현이 될 수도, 그리고 무시의 표현이 될 수도 있습니다. 그런데 침묵 자체가 쟁점이 아닙니다. 그리스도인의 침묵은 주인의 말을 경청하기 위한 침묵이요, 들은 것을 행하기 위해 언제든지 깨뜨릴 수 있는 종 된 자의 잠잠함입니다. 그리스도인의 침묵은 하나님의 말씀과 동행하는 침묵입니다. 그래서 토마스 아 켐피스 스승은 이렇게 말씀하셨습니다. "잠잠히 침묵하는 자 보다 더한 확신을 가지고 말하는 사람은 없습니다."[28]

침묵에는 놀라운 힘 ― 먼지 속에서 본질을 끄집어내어 반들거리게 닦아 사람들로 바라보게 만드는 힘이 내재되어 있습니다. 이는 하나님의 말씀 없는 세상 사람들도 아는 사실입니다. 하지만 하나님의 말씀 앞에서 이루는 그리스도인의 침묵은 우리로 그의 말씀을 바르게 경청하도록 이끌어 주기에, 또한 때를 얻어 그 말씀을 바르게 말할 수 있도록 이끌어 줍니다. 그렇기에 말하지 않아도 될 불필요한 것들은 침묵 속에 남게 되고, 본질적이고 유익한 것들은 간결한 몇 마디 말을 통해 전해집니다.

제한된 공간에서 더불어 살아가기에 개개인에게 필요한 사적인 공간과 시간을 보장해 주기 힘든 상황이라면, 침묵하는 시간을 정해 두고 규칙적으로 지키는 것이 반

---

28 토마스 아 켐피스Thomas à Kempis의 《그리스도를 본받아》중에서.

드시 필요합니다. 침묵의 시간 이후에 다시 대화를 시작하면 서로 간에 색다르고 신선한 만남이 이루어질 것입니다. 많은 사람들이 더불어 살아가는 공동체는 별도의 규칙을 마련해서라도 혼자 있는 시간에 대한 개인들의 요구와 권리에 부응해 주어야 합니다. 그래야만 공동체를 건강하게 유지할 수 있습니다.

여기서 고독과 침묵이 그리스도인의 삶에 가져다 줄 온갖 진귀한 열매에 대해 모두 다루지는 않으렵니다. 이 주제와 관련해서 우리를 허튼 곳으로 잘못 인도할 샛길이 너무 많기 때문입니다. 대신 침묵을 통해 겪을 수 있는 미심쩍은 경험에 대해서 이야기 해 볼 수 있겠습니다. 침묵의 공간은 고립감이 가져다주는 긴장과 공포로 가득한 끔찍한 사막이 될 수도 있습니다. 아니면, 자신을 속여 만들어낸 거짓 천국이 될 수도 있습니다. 어느 쪽이 더 낫다고 말하기 어렵습니다. 판단은 이 문제에 관심 있는 사람들에게 맡겨두도록 하고, 우리는 오직 하나님의 말씀을 만나고 싶다는 유일한 기대감 속에 침묵합시다. 이 기대감으로 침묵하는 사람들이 그리스도인입니다. 그런데 말씀과의 만남은 어디까지나 선물입니다. 어떤 방법으로 침묵하면 만남이 이루어질까라든지, 혹은 '이 만남을 통해 무슨 선물을 받았으면 좋겠다' 하는 식의 자신이 적은 주문 명세서를 다 내려놓고, 그저 말씀이 임하는대로 받을 때 선물로 주어지는 침묵에 대한 보상은 부요할 것입니다.

그리스도인이 하루를 살아가면서 홀로 시간을 보낼 필요가 있는 세 가지 일정이 있습니다. '말씀묵상'과 '기도'와 '중보'입니다. 묵상하는 삶을 위해 하루 일과표에 이 세 가지 일정이 잡혀 있어야 합니다. '묵상'이라는 단어를 사용하는데 있어서 경계심을 가질 이유는 없습니다. 여기서 사용하고 있는 이 단어는 초대 교회가 사용했고 개혁 교회가 사용하고 있는 개념의 묵상입니다.

아침에 이미 예배드렸는데 무슨 이유로 개인적으로 따로 묵상하는 시간이 필요하다는 것인지 궁금해 하는 사람이 있을 듯합니다. 그 궁금증에 답해 보려 합니다.

묵상은 더도 덜도 아니고 각 사람마다 말씀을 읽고 자신과 다른 사람들을 위해 기도하는 것을 늘 가까이 하도록 도와줍니다. 그 외에 별다른 목적은 없습니다. 영적인 실험을 하는 시간이 아닙니다. 하지만 무엇보다 이 세 가지는 하나님께서 우리에게 쉬지 않고 행하기 원하시는 것이기에, 이를 위한 시간을 반드시 정해 두어야 합니다. 설령 오랜 세월 동안 지켜온 묵상의 전통을 계속 지켜 나가야 할 명분이 하나님 앞에 행해야 할 백성의 마땅한 의무라는 이유 외에 다른 이유가 전혀 없다고 할지라도, 이 이유 하나만으로도 충분한 명분이 성립됩니다.

묵상의 시간은 우리로 하여금 부질없고 끝 모를 고독의 심연深淵으로 빠져들지 않게 하고, 대신에 말씀과 홀로 있도록 도와줍니다. 그래서 고독한 중에 서 있을 흔들림 없는 반석이 되고, 내딛는 발걸음을 안전하게 인도해 줄 안내자가 됩니다.

매일 드리는 공동체 예배에서는 긴 분량의 성경 본문을 어제 마친 부분에 이어서 읽지만렉시오 콘티누아 개인적으로 성경 말씀을 묵상할 때는 한 주 내내 붙들고 살아갈 짧은 분량의 본문을 선택해서 집중합니다.[29]

다른 이들과 더불어 성경을 읽을 때는 성경의 전체 너

비와 길이를 헤아려보게 되지만, 개인적인 묵상 시간에는 그 높이와 깊이를 감히 헤아리기 힘든 특정한 절(節)과 단어에 집중합니다. 크기와 깊이 둘 다 모두 중요하기에 "모든 성도들과 함께 능히 그리스도의 사랑의 너비와 길이와 높이와 깊이가 어떤가를 깨닫기를 기도합니다"(엡 3:18).

묵상하는 동안 그리스도에게 사로잡힌 자의 신분으로 살아갈 오늘 하루를 위해 각자의 형편에 맞게 주실 약속에 대한 기대와 함께 주신 말씀을 읽어나갑니다. 하나님의 말씀은 믿음의 공동체만을 위해서만이 아니라 또한 우리 자신을 위해서도 주어집니다. 우리의 마음 깊은 곳으로부터 감동이 있을 때까지 특정 절과 단어 앞에 자신

---

29 '렉시오 디비나(lectio divina)', 즉 '영적독서'는 초대 교인들이 하나님의 말씀과의 온전한 연합을 위해 사용했던 또 다른 성경 읽기 방법이었다. 4단계를 따라 이루어지는데, 그 과정이 마치 음식을 먹는 과정과 흡사하다. 1) 독서 lectio: 성경 본문을 천천히 읽는다(말씀을 한 입 물기) 2) 묵상meditatio: 특정 절과 단어에 집중하면서 성령님의 음성을 듣는다(말씀을 씹음) 3) 기도oratio: 성령님의 음성에 기도로 응답한다(말씀을 음미함) 4) 관상contemplatio: 마지막으로 본문을 읽은 뒤 성경을 덮고, 성령님께서 삶 속에서 일하실 것을 기대하며 순종한다(말씀을 삼켜 소화시킴).

을 계속해서 드러내도록 합니다. 이렇게 매일 말씀을 읽는 것은 예를 들어 학식이 많지 않은 촌부村夫도 매일 하는 가장 기본적인 일과입니다. 바로 하나님의 말씀을 우리 자신을 위한 하나님의 말씀으로 읽는 것입니다. 따라서 오늘의 이 본문이 다른 이들에게 무엇을 말하려 하는가에 대해 묻지 않는 법입니다. 이 원리를 우리 중에 설교의 직분을 맡은 사람에게 적용한다면, 이 본문을 어떻게 설교하거나 가르칠 것인가를 물을 것이 아니라 이 말씀이 '나'에게 말씀하는 것이 무엇인지를 물어야 한다는 뜻입니다. 나에게 무엇을 말씀하시는지 들으려면 먼저는 본문의 내용을 파악하는 것이 옳습니다. 그렇다 해서 본문을 성서 해석학적으로 파고들어야 한다는 말도 아니고, 한 편의 설교를 준비하거나 성경 공부나 세미나를 준비하듯 그렇게 하라는 말도 아닙니다. 그저 우리에게 주실 하나님의 말씀을 기다리자는 말입니다. 망연자실 기다리자는 말이 아니요, 그와 정반대로 확실한 약속을 붙잡고 기다리자는 말입니다. 종종 오만가지 잡념과 잔상들, 그리고 걱정거리들이 우리 마음에 똬리를 틀고 무겁게 짓누르고 있어서 하나님의 말씀이 이 모든 것들을 헤치고 우리 마음까지 찾아오시는데 꽤나 오랜 시간이 걸리곤 합니다. 하지만 하나님 자신께서 친히 인간에게 찾아오셨고 또 계속해서 찾아오기를 즐거워하시는 만큼이나 확실하게 하나님의 말씀은 우리 마음에 찾아오십니다. 이런 이유로 기도로 묵상을 시작하면서 하나님께서 말씀을 통해 성령님을 우리에게 보내주셔서 당신의 말씀을 드러내어 주시고 우리의 믿음의 눈이 열리도록 기도하는 것입니다.

개인적으로 말씀을 묵상할 때는 본문 전체를 대상으로 삼지 않아도 되겠습니다. 이보다는 한 절, 아니면 특정한 단어에 매달리는 것이 좋을 듯합니다. 한 절이나 한 단어라 해도 그 말씀이 우리를 붙들고 놓아주지 않으면 어떻게 빠져나갈 도리가 없습니다. 묵상을 위해 따로 떼어놓은 짧은 시간 동안 우리 마음을 넘치도록 채우기에 '아버지'나 '사랑'이나 '자비'나 '십자가'나 '성화', 혹은 '부활' 같은 단어들로 충분하지 않습니까?

묵상하면서 떠오르는 생각과 기도를 굳이 말로 정리하

려 애쓰지 않아도 될 것입니다. 침묵 속에 생각하고 기도하는 것은 오직 하나님의 말씀을 들음에서 나고, 그렇기에 말로 드러내는 것보다 대개 유익이 많습니다.

묵상을 위해 새로운 방법을 찾지 않아도 될 것입니다. 그런 노력은 대개 우리 마음을 흐트러뜨리고 우리의 허영심을 만족시킬 뿐입니다. 성경을 읽고 깨닫는 가운데 하나님의 말씀이 우리 안에 들어와 거하시면 그것으로 더 이상 바랄 것이 없게 흡족합니다. 어머니 마리아가 예수에 대해 목자들로부터 전해 들은 모든 말들을 마음에 간직하고 곰곰이 되새겼듯이,눅 2:19 누군가의 말이 마음에서 오랫동안 떠나지 않고 잊을 만하면 생각나듯이, 그 말들이 우리 안에서 살아 움직이거나 마음을 사로잡아 흔들거나 아니면 주체할 수 없는 행복에 겹게 만들 듯이, 그렇게 하나님의 말씀을 묵상할 때 하나님의 말씀도 우리에게 찾아와 함께 거하기를 소원하십니다. 우리를 감동시키고 싶어 하시고, 우리 안에 살아 역사하고 싶어 하시며, 우리가 하루 온종일 자신을 잊지 못하도록 우리 마음에 지워지지 않을 인상을 남기고 싶어 하십니다. 보통 우리 자신도 모르는 사이에 자신의 소원하는 바를 우리 안에서 이루십니다.

　이 모든 것에 앞서 드리고 싶은 말은, 묵상하는 동안 어떤 예상치 못한 황홀한 경험을 하지 못한다 해서 전혀 이상할 것이 없다는 것입니다. 그런 일들이 일어나기도 하지만 그렇지 않다고 해도 묵상하는 시간이 전혀 헛수고는 아닙니다. 묵상에 막 들어갔을 때 뿐 아니라 시간이 점차 지나면서도 계속해서 내 안에 메마름과 딱딱함이 만져지고, 무기력함과 심지어 더 이상 묵상하는 게 불가능할 것 같다는 회의감마저 찾아듭니다. 하지만 이런 저런 장애물에 가로막혀 돌아서서는 안 되겠습니다. 무엇보다 황소걸음 같은 인내와 끈기를 가지고 매일 묵상의 일과를 계속해서 지켜나가지 못하도록 우리를 만류하는 그런 경험과 느낌의 꼬드김에 넘어가지 말아야 합니다. 이런 이유 때문에 여러 가지 좋지 못했던 과거의 기억들을 너무 심각하게 묵상의 자리로 끌어들이는 것은 바람직하지 않습니다. 인간의 오랜 허영심에서 비롯된 비뚤어진 율법적 잣대가 경건의 탈을 쓰고 우리 안에 몰래 스며들어와 하나님을 도전합니다. 마치 자신을 돌아보아 반성하는 시간처럼 더 없이 복된 경험을 누리는 것이야말로 인간의 당연한 권리인 양, 그리고 그런 경험을 누리지 못하는 심령의 가난한 상태를 대면하는 것이 마치 자신들의 품위를 떨어뜨리는 양 말입니다. 그런 태도를 가진 사람들에 대해 더 이상 시간을 할애하지는 않겠습니다. 조급함과 자기 정죄는 도리어 자아도취를 조장하고 우리 자신을 자기중심적인 자아성찰의 늪으로 더 깊이 빠져들게 만들 뿐입니다. 짧은 묵상 시간보다는 전 생애에 걸쳐 자신을 돌아보아야 합니다. 우리의 시선을 오직 하나님 말씀에만 고정시키고 그 말씀으로 만사를 형통하게 주관해야 합니다. 우리에게 공허하고 무미건조한 시간을 허락하신 이가 다른 이가 아닌 하나님이시라면 또한 살아가는데 필요한 모든 것을 그분의 말씀에 의지하여 구함이 마땅하지 않겠습니까? "행복을 바라지 말고 하나님을 바라십시오." 토마스 아 켐피스의 이 가르침이야말로 묵상의 요체입니다. 오직 하나님 한 분만을 바라는 사람은 행복도 겸해 얻을 것입니다. 이것이 묵상이 우리에게 주는 약속입니다.

말씀을 묵상하면 자연스럽게 기도하게 됩니다. 앞에서 이미 가장 확실하게 응답받는 기도는 성경에 기록된 하나님의 말씀을 인도함을 받는 기도, 즉 성경 말씀에 뿌리박은 기도라 하였습니다. 이런 기도를 드리면 자기가 파놓은 허무의 구덩이에 스스로 빠지는 일은 생기지 않을 것입니다. 기도는 다른 무엇이 아닌 하나님의 말씀을 받겠다는 의사 표현이고, 더 나아가 자신의 어떤 상황과 일과 결정과 죄와 유혹 가운데서도 말씀으로 말씀하시도록 듣겠다는 의사 표현입니다. 합심 기도 때 차마 아뢰지 못한 은밀한 것들을 하나님께 아뢸 수 있습니다. 성경에 기록된 말씀을 붙잡고 하나님께서 그날에 우리가 다닐 길에 빛을 비춰 인도하시고, 우리를 죄에서 지키시고, 우리로 하여금 하나님의 거룩함에 더 가까이 이르도록 기도하고, 또한 우리의 맡은 일을 성실함으로 감당할 힘을 주시도록 기도하는 것입니다. 하나님의 말씀과 약속으로부터 나온 기도이기에 하나님의 귀에 들어갈 거라는 확신을 가질 수 있습니다. 하나님의 말씀이 예수 그리스도 안에서 성취되었기에 그 말씀의 반석 위에 세우는 우리의 모든 기도하는 것들이 예수 그리스도 안에서 반드시 성취되고 응답될 것을 확신하는 것입니다.

묵상하면서 가장 어려운 점을 꼽으라면 우리의 생각이 너무 쉽게 이리저리 굴러다니는 통에 묵상 중에 이 사람 저 사람이 생각나기도 하고 이 일 저 일이 생각난다는 겁니다. 그럴 때 스스로를 자책하면서 낙담하고 좌절하지 말아야겠습니다. 묵상은 자신과 맞지 않는다고 으레 포기해서는 더더욱 안 되겠습니다. 그런 상황이 발생할 때 극단적인 방법을 사용해서 생각을 다잡는 것은 별로 도움이 되지 않고, 오히려 차분히 생각 속에 떠오르는 사람들이나 사건들을 위해 중보 기도하면서 천천히 묵상의 출발점으로 자연스럽게 돌아오는 것이 도움이 될 것입니다.

말씀 아래 우리의 기도가 거하듯이 중보 기도 또한 마찬가지입니다. 매일 아침마다 드리는 공동예배 가운데 마련된 중보 기도 시간에 우리가 돌아보아야 하거나 어떤 방식으로든 도움의 손길이 필요한 사람들을 모두 떠올리며 기도하는 것이 사실 쉽지는 않습니다. 저마다 중보 기도 부탁을 주고받는 특별한 사이가 있고, 또 어떤 경로를 통해서 알게 되었든지 '기도해줘야겠다'는 마음이 드는 사람들이 있습니다. 무엇보다 중보 기도를 주고받는 사이라면 일상의 삶에서 매일같이 더불어 살아가는 사이가 바람직합니다. 이들과의 중보 관계를 통해 우리는 더불어 살아가는 그리스도의 몸속에 살아 뛰는 맥박 소리를 듣는 경지에 이르게 될 것입니다. 지체들 간의 서로를 위한 중보 기도의 맥박이 뛰는 한 공동체는 살아 움직일 것이고, 이 맥박이 끊어지면 죽고 마는 것입니다. 그렇기에 같은 교회 아무개가 아무리 나를 괴롭게 만든다 해도 그를 위해 중보 기도 하는 한, 그를 정죄하고 증오할 수 없습니다. 떠올리기만 해도 손사래를 치며 진저리나는 얼굴이 중보 기도를 통해 그리스도가 우리를 위해 친히 죽으신 자의 얼굴로 변해 나갈 것입니다. 이 변화야말로 다른 이들을 위해 중보 기도 드리기 시작하는 자들이 새롭게 눈 떠 발견하는 복입니다. 계속해서 중보 기도에 힘쓰는 한 물리치지 못할 어떤 혐오도 거리감도 분열과 분쟁도 없습니다. 중보 기도는 각 개인과 공동체가 매일 들어가 몸을 깨끗하게 씻을 정결의 욕조입니다. 중보 기도하며 우리는 서로를 붙들고 씨름하게 됩니다. 그러나 이 씨름이야말로 중보 기도의 목적을 이룰 확실한 방편입니다.

어떻게 확실한 방편이 된단 말입니까? 중보 기도 드리는 그리스도인들은 하나님의 임재 앞으로 불려가 예수가 달리신 십자가 아래에서 하나님의 은혜가 아니고서는 존재할 수 없는 비참한 인간, 곧 죄인 된 서로를 바라보게 됩니다. 그러면서 다른 사람들의 모습들 중에 자신을 질리게 만든 모습들이 죄다 떨어져 나가게 됩니다. 그런 뒤에 그들의 형편과 어려움과 고충을 보게 됩니다. 그들의 필요와 죄의 무게가 중보 기도인 자신을 너무도 무겁게 짓누르기에 그들 인생의 무게가 마치 나의 것으로 느껴져 그저 엎드려 기도하게 되는 것입니다. "주여, 오직 당신 한 분만이 당신의 신실하심과 선하심을 따라 친히 이들을 감당하실 수 있습니다." 중보 기도를 드리는 것은 기도인에게 주어진 권리, 즉 그리스도 앞에 서서 그의 자비를 받아 누리는 권리를 기도 받는 대상자와 더불어 나누는 행위입니다.

지금까지 알아보면서 중보 기도 역시 그리스도인이 하나님과 이웃을 위해 매일 감당해야 할 의무 중에 하나님이 분명해졌습니다. 이웃을 위해 중보 기도하기를 거부하는 사람들은 그리스도인으로서 져야 할 마땅한 의무를 거부하는 자들입니다. 한 가지 덧붙이자면, 중보 기도는 그 성격이 불특정한 행위가 아니라 매우 구체적인 행위라는 점입니다. 특정 사람과 특정 제목을 놓고 간구하는 특정한 간구입니다. 그렇기에 중보 기도가 보다 더 구체적이면 구체적일수록 그 응답 또한 보다 더 확실해집니다.

마지막으로 어떤 그리스도인도, 특히 모든 성도들의 믿음의 형편을 돌보는 어떤 목회자도 중보 기도를 위해 자신의 시간을 희생해야 하는 현실적 사안을 간과해서는 안 됩니다. 제대로 묵상했다면 그 시간이 중보 기도로만 채워졌을 것입니다. 이 모든 관찰들이 하나같이 가리키는 바는 이것으로, 중보 기도는 바로 그리스도인 공동체와 그 지체들을 향한 하나님이 주시는 은혜의 선물이라는 사실입니다. 왜냐하면 중보 기도를 통해 하나님께서 우리 한 사람 한 사람을 그 가치를 다 매길 수 없는 귀한 제물로 받으시고, 우리는 이로 인한 기쁨을 받아 누리기 때문입니다. 중보 기도 드리는 바로 그 시간이 하나님과 성도의 몸 된 공동체 안에 속한 자가 매일 새롭게 맛보는 기쁨의 샘이 될 것입니다.

말씀 묵상과 기도, 그리고 중보 기도에 대한 고민은 결국 하나님 앞에 우리가 마땅히 수행해야 할 직무와 관련된 것이고, 또 이 직무 속에 하나님의 은혜가 발견되기 때문에 매일 밥을 먹듯 하루의 일정 가운데 시간을 정해 두고 이 세 가지 직무에 대한 훈련이 이루어져야겠습니다. '율법주의'를 말하려는 것이 아니고, 자기 절제와 성실에 대해 말하는 것입니다. 특수한 상황에 처한 사람을 제외하고는 훈련을 하기에 이른 아침 시간보다 나은 시간은 없을 것입니다. 새벽이야말로 세상 사람들의 어떤 청구권보다 우선으로 접수되는 그리스도인들의 특권이기에, 어떤 외적인 환경에도 미동조차 하지 않는 완전한 침잠^{沈潛} 속에 이 시간을 누려야 할 것입니다. 목회자들에게 있어 새벽은 목숨처럼 지켜야 할 시간으로 모든 사역이 여기서 결정되기 때문입니다. 매일의 일상적인 것들에 충성되지 못한 자가 어떻게 위대한 사명에 충성될 수 있겠습니까?

그리스도인들은 하루 중 여러 시간을 믿음의 공동체로부터 떨어져 세상에서 보냅니다. 바로 주어진 '시험' 기간입니다. 묵상과 그리스도인 공동체가 지닌 진정성을 점검하는 시간입니다. 과연 공동체가 속한 지체들을 세상 속에서도 의연하고 담대하고 성숙한 자들로 키웠는지, 아니면 물가에 내어 놓은 아이처럼 키웠는지… 과연 공동체가 그 손으로 붙들어 주면서 지체들이 스스로 걷는 법을 배우도록 키웠는지, 아니면 품 안에서 약하게 키웠는지… 더 나아가, 묵상하는 동안 별나라로 갔다가 일을 시작하기 위해 지구 위에 발을 내딛는 순간 소스라치며 놀라는지, 아니면 하나님이 창조하시고 다스리시는 참된 세상을 경험했기에 담대함과 정결한 마음으로 하루의 일과들을 시작하는지 점검해 봐야 합니다. 묵상을 통해 일상의 삶이 시작되면서 안개 같이 사라질 찰나의 영적 황홀함을 맛보았는지, 아니면 하나님의 말씀을 그 마음 깊은 곳까지 단단하게 박아 두어 하루 종일 그 말씀에 붙잡혀 뜨겁게 사랑하고 순종하고 선을 행하며 살아갈 힘을 얻었는지… 그날의 삶으로만 답할 수 있습니다. 속한 공동체가 눈에 보이지 않아도 옆에 실제 있는 듯 힘을 줍니까? 다른 이들의 중보 기도가 자신으로 하여금 오늘 하루를 감당케 합니까? 하나님의 말씀이 가까이에 있어 위로와 힘이 됩니까? 세상에서 일하는 시간을 잘못 활용하여 공동체와 말씀과 기도로부터 멀어지고 있지는 않습니까? 심지어 홀로 거하는 개인의 시간마저 공동체라는 관을 통해 그 음調을 발해야 합니다. 떨어져 보내는 시간이 공동체를 무너뜨리고 더럽히는 시간이 될 수도 있고, 반대로 일으켜 세우고 정결케 하는 시간이 될 수도 있습니다. 자신을 절제하는 노력 하나하나 역시 공동체를 위한 섬김입니다. 역으로 말해, 그것이 얼마나 개인적이고 은밀하던지 간에 생각과 언행 속에 범하는 개인의 죄 하나하나가 공동체 전체에 해를 입히고 맙니다. 질병을 일으키는 병원균 하나가 우리의 신체에 들어오면 그 출처가 어디인지 혹은 어느 부위를 통해서 침입했던지 상관

없이 온몸이 병들어 아프게 됩니다. 이는 그리스도의 공동체에 적용하기에 더 없이 적절한 비유입니다. 각 지체들은 몸 전체에 연결되어 건강을 촉진시키거나 악화시킵니다. 우리 각자는 스스로 원하지 않을 때조차 그 존재 자체로 한 몸에 속한 각 지체입니다. 이는 머릿속에 그려진 이론이 아닌, 공동체와 관련해 그만 잊고 싶은 경험이나 혹은 두고두고 기억하고 싶은 경험들이 생생하게 투사해 주는 영적인 실체입니다.

복된 하루를 마친 그리스도인은 세상에서 홀로 떨어져 있는 동안 누린 복과 함께 공동체로 돌아오지만, 또한 공동체가 주는 복을 새로이 받게 됩니다. 공동체가 주는 힘으로 홀로 거하는 자는 복됩니다. 하지만 공동체에 더불어 사는 각각의 사람들에게 찾아와 주시는 하나님 말씀만이 오직 공동체와 그 속한 자들에게 힘을 줍니다.

Dietrich Bonhoeffer

Dietrich Bonhoeffer

Dietrich Bonhoeffer

Dietrich Bonhoeffer

4장

섬김에 대한 묵상

LIFE TOGETHER

"예수의 제자들 사이에서 누가 제일 큰 사람인
가를 두고 다툼이 일어났습니다"(눅 9:46)

우리는 그리스도의 공동체에 이러한 불화의 씨앗을 심
는 자가 누구인지 잘 알고 있습니다. 하지만 어떤 그리스
도의 공동체든지 간에 분쟁의 씨앗이 될 법한 이러한 종
류의 언쟁 없이는 더불어 엮어짐도 없다는 사실에 대해
서는 깊이 생각하지 않는 듯합니다. 상대방이 어떤 유형
의 사람인지에 대한 관찰과 판단과 분류 작업이 이루어
지기도 전에 먼저 어울리고 보는 사람은 없을 것입니다.
그렇기에 비록 그리스도의 공동체라 하더라도 여전히 세

워져 가는 과정 중에 있기에 눈에 보이지 않고 알지 못하는 사이에 사느냐 죽느냐의 처절한 싸움이 계속해서 시작됩니다. "예수의 제자들 사이에서… 다툼이 일어났습니다."— 공동체를 무너뜨리기에 이 다툼으로 충분합니다. 그렇기에 모든 그리스도의 공동체는 이 치명적인 적이 도발하는 것에 주의를 기울여 뿌리 채 뽑아내도록 온 힘을 기울여야 합니다. 잠시도 머뭇거릴 시간이 없습니다. 두 사람이 만나는 순간부터 주도권을 차지하려는 경쟁이 시작되기 때문입니다. 그리고 승자와 패자가 생기게 됩니다. 주도권을 빼앗긴 사람은 약자로서 곧 자신의 권리를 주장하면서 강자로부터 자신을 보호하기 시작합니다. 사람들 중엔 타고난 조건이 받쳐주는 사람과 부족한 사람이 있고, 학식이 적은 사람과 많은 사람이 있으며, 열심인 사람과 미지근한 사람이 있고, 사회생활을 잘하는 사람이 있는가 하면, 사회에 부적응하는 자가 있습니다. 그렇지만 조건이 딸리는 사람도 조건이 받쳐주는 사람과 마찬가지로 주도적인 위치를 차지하려 하고, 학식이 적은 사람도 많은 사람과 같이 주도적인 위치를 차지하려 애쓰지 않습니까? 비록 타고난 조건이 받쳐주지 못한다 해도 적극적인 노력으로 극복하려 할 것입니다. 만약 그렇게 살지 않는다면 그건 당사자에게 문제가 있는 것입니다. 사회생활을 잘하는 사람들은 주위 사람들로부터 인정을 받고, 부적응 자들은 좋은 평판을 받기 어렵지 않습니까? 그럼에도 부적응 자들 또한 사회주류 계층들에게 처치 곤란한 적이 되어 끝내 상대를 밟고 올라서려 애쓰지 않겠습니까? 안전에 대한 본능으로 인해 스스로를 보호할 자리를 찾아 차지하지 않을 사람이 과연 몇이나 될까요? 한 번 차지한 자리는 그 누구에게도 빼앗기지 않으려 할 것이고, 그렇기에 자연스럽게 자신의 권리를 주장하는 목소리를 높여 싸우게 될 것입니다. 자신의 위치를 확보하려는 과정은 심지어 더 없이 숭고하고 종교적인 형태로 나타날 수 있습니다. 여기서 그리스도의 공동체가 반드시 놓치지 말아야 할 핵심은 이것으로, 누가 제일 큰 사람인가를 두고 분명 다툼이 일어난다는 사실입니다. 스스로를 정당화하려는 인간의 본성이 충돌하여 일어나는 다툼입니다. 사람은 타인을 판단하고 정죄함으로써 상대적으로 자신의 정당성을 변론합니다. '은혜로 의롭게 됨'과 '타인에 대한 섬김'이 관계 맺는 그 양태 그대로 '스스로 의롭게 여김'과 '타인에 대한 판단'은 관계 맺습니다.

우리 안에 찾아드는 악한 생각들을 물리치려면 그 생각들을 절대 언어로 형언形言하지 않는 것이 가장 효과적인 전략이 되는 경우가 있습니다. 분명한 것은 인간의 자기 의義는 오직 하나님의 은혜 앞에서만 굴복된다는 것입니다. 이와 마찬가지로 분명한 또 한 가지는 죄를 고백하는 경우를 제외하고 어떤 경우에도 생각 속에 찾아드는 판단을 말로 구체화하지 않을 때 그 고삐를 잡아 다스릴 수 있다는 점입니다. 혀를 제어하는 사람이 온 생각과 몸을 다스리게 됩니다 (약 3:3). 그렇기에 모든 그리스도의 공동체는 당사자가 없는 자리에서 그에 대해 이야기하는 것을 엄격히 금해야 합니다. 뒷 장에서 다루겠지만 그렇다고 해서 이를 범한 사람들을 임의대로 꾸짖어도 된다는 뜻은 분명 아닙니다. 하지만 다른 이를 몰래 흠잡는 것은 어떤 경우에도, 심지어 선한 의도로 도우려 했다는 구실을 내세우더라도 절대 허용될 수 없습니다. 분란을 일으키기 위해 미움의 영은 선한 모습으로 가장하여 사람들 사이에 몰래 기어들어오기 때문입니다. 지금 여기에서 각 상황별로 해당 규칙을 논하지는 않겠습니다. 구체적인 규칙들은 각각의 관련 상황에 따라 결정하면 될 것입니다. 하지만 그 골자는 성경에 뚜렷이 근거하고 있습니다.

"네 형제를 비난하고 네 어머니의 아들을 비방하는구나… 그러나 이제 내가 너를 질책하고 네 눈앞에 네 죄를 차근차근 밝혀 보이겠다"(시 50:20-21).

"형제들이여, 서로 비방하지 마십시오. 형제를 비방하거나 자기 형제를 판단하는 사람은 율법을 비방하고 판단하는 것입니다. 당신이 율법을 판단한다면 당신은 율법을 행하는 사람이 아니라 심판하는 사람입니다. 율법을 주신 이와 심판하시는 이는 오직 한 분이십니다. 그분은 능히 구원하기도 하시고 멸망시키기도 하시는 분입니다. 그런데 이웃을 판단하는 당신은 누구입니까?"(약 4:11-12).

"더러운 말은 어떠한 것도 여러분의 입 밖에 내지 말

고 오직 성도를 세워주는 데 필요한 대로 선한 말을 해서 듣는 사람들에게 은혜를 끼치도록 하십시오"(엡 4:29).

혀를 다잡아 다스리는 훈련이 그 시작부터 바르게 이루어질 때 당사자에게 놀라운 개안開眼이 뒤따를 것입니다. 계속해서 다른 이들을 향하던 시선과 판단과 정죄가 멈춰지고, 그들을 죄인의 자리에 세워두고 가하던 폭력을 멈추게 될 것입니다. 재판관 하나님께서 자신과 상대방으로 하여금 서로의 얼굴을 마주 바라보게 하시니 상대를 자유롭게 풀어주게 됩니다. 그리고 그 눈이 밝아지게 되어 다른 형제와 자매들 머리 위에 빛나고 있는 넘치는 하나님의 창조의 영광을 처음으로 발견하고는 놀라게 될 것입니다. 하나님은 우리의 판단이 빚어낸 모습으로 상대방을 창조하지 않으셨습니다. 그 머리 꼭대기 위에 올라앉아 조종하도록 그들을 우리에게 주지 않으셨고, 도리어 그들을 통해 창조주를 찾도록 하셨습니다. 전에는 눈에 가시 같던 형제와 자매들이 이제는 하나님께서 창조하신 태초의 자유로운 존재로 회복되어 우리에게 기쁨의 이유가 됩니다. 하나님은 우리 마음에 드는 모습,

즉 '나의 형상形象'으로 빚어 가라고 그들을 허락하여 주신 게 아닙니다. 대신에, 우리 자신으로부터 자유로운 존재로, 즉 '하나님의 형상'으로 지으셨습니다. 다른 이들에게 입혀진 하나님의 형상이 어떠한 모습이어야 하는지 우리로서는 도저히 앞서 알 길이 없습니다. 하나님의 형상은 오직 하나님 자신께서 마음먹은 대로 펼치시는 창조 작업을 통해 완전히 새롭고 유일무이한 모습으로 각 사람에게 나타납니다. 그렇기에 그 모습은 우리 자신에게 낯설고 심지어는 추해 보일 수도 있습니다. 그러나 하나님은 각 사람을 당신의 아들의 형상, 즉 십자가에 못 박힌 자의 형상으로 지으셨고, 그렇기에 그의 형상이 우리 자신에게 친히 입혀지기 전에는 그 모습이 낯설고 추해 보이는 것입니다.

강자와 약자, 현자賢者와 우자, 타고난 조건이 받쳐주는 사람과 부족한 사람, 신앙의 열심이 있는 사람과 미지근한 사람 — 공동체 구성원들이 천차만별 다양하다는 사실이 더 이상 서로를 헐뜯고 판단하고 정죄할 이유가 되지 않고, 따라서 더 이상 자기 의를 드러낼 구실이 되지 않습니다. 공동체의 다양성은 도리어 서로로 인해 기뻐하고 서로를 섬길 이유가 됩니다. 이 같은 환경에서 공동체의 모든 구성원들은 각자의 자리를 발견하게 됩니다. 그런데 이 자리는 더 이상 자신의 이름을 가장 널리 알릴 수 있는 그런 자리가 아니라 자신의 섬김을 공동체에 가장 이롭게 펼칠 수 있는 그런 자리입니다. 쇠사슬을 하나로 잇는 각 고리처럼 한 사람 한 사람이 없어서는 안 될 지체肢體로 존재하는가 여부에 따라 그리스도 공동체의 모든 것을 결정합니다. 가장 작은 고리까지 다른 고리들과 단단히 연결되어 있는 경우에만 쇠사슬은 끊어지지 않는 법입니다. 아무 역할도 감당하지 않는 구성원들을 그냥 내버려 두는 공동체는 그런 사람들에 의해 끊어져 버릴 것입니다. 그렇기에 모든 구성원들이 공동체를 위해 저마다 감당할 역할을 갖는 것은 바람직한 생각으로, 그렇게 되면 자신에 대한 회의감이 밀려올 때조차 자신이 하는 일 없이 밥만 축내는 사람이 아니라는 자존감을 붙들게 될 것입니다. 모든 그리스도의 공동체가 반드시 알아두어야 할 원리는 약한 자만이 강한 자를 필요로 하는 것이 아니라 약한 자 없이는 강한 자도 존재할 수 없다는 원리입니다. 약한 자들이 사라질 때 공동체는 죽음을 맞이하게 됩니다.

인간의 자기 의가 그리스도의 공동체를 다스려서는 안 됩니다. 이 의는 다른 사람들을 해치고 맙니다. 하나님의 은혜로 말미암은 의가 공동체를 다스려야 합니다. 이 의는 다른 사람들을 섬기게 합니다. 그의 삶에서 단 한 번이라도 하나님의 긍휼을 경험한 사람은 그 이후로부터 다른 사람들을 섬기고 싶어집니다. 재판관이 앉는 근엄한 의자가 더 이상 그의 눈과 마음을 빼앗지 못합니다. 대신 비천한 사람들 가운데로 내려가고 싶어집니다. 왜냐하면 하나님께서 비천한 자신을 찾아 내려오셨기 때문입니다. "교만한 마음을 품지 말며 오히려 비천한 사람들과 사귀십시오"(롬 12:16).

섬김을 배우고자 하는 사람은 그에 앞서 자신을 낮추어 여기는 법을 배워야 합니다. "여러분은 마땅히 생각할 그 이상의 생각을 품지 마십시오"(롬 12:3).

"자신을 참되이 알아 스스로를 낮게 여기라는 교훈이

야말로 가장 고귀하고 가치 있는 교훈입니다. 자신을 아무것도 아닌 존재로 여기고 다른 이들에 대해 칭찬을 아끼지 않는 마음가짐이야말로 위대한 지혜이자 최고의 경지입니다"토마스 아 켐피스.

"스스로 지혜 있는 채 마십시오"(롬 12:16).

오직 예수 그리스도로 말미암아 죄사함 받아 살아가는 사람은 마땅히 자신을 낮게 여길 것입니다. 그런 사람들은 그리스도가 자신의 죄를 용서하는 순간 자신의 지혜는 완전한 죽음에 이르렀음을 깨달아 갑니다. 최초의 인간이 선악을 알고 싶어 하다가 제 꾀에 빠져 죽음에 이르게 된 역사를 잊지 않을 것입니다. 그런데 그 최초의 인간을 통해 이 땅에 처음으로 태어난 인간은 자신의 동생 아벨을 살인한 가인이었습니다. 그의 범죄는 인간의 지혜가 맺은 열매였습니다. 더 이상 스스로를 지혜롭다 여기지 않는 그리스도인은 자신의 계획과 의도에 대해서조차 더 없이 조심스런 태도로 말할 것입니다. 동료들과의 만남을 통해 자신의 뜻이 꺾이는 것이 유익한 줄을 아는 것입니다. 동료들의 의견이 자신의 것보다 더 중대하고

귀담아 들을 가치가 있음을 인정하는 마음가짐을 갖추었기 때문입니다. 자신이 세운 계획이 틀어지는 것이 뭐 그리 대수입니까? 자신의 계획을 이루어 가는 것보다 동료들을 섬기는 것이 더 낫지 않겠습니까?

자신의 것보다 동료의 것을 더 가치 있게 여길 것은 비단 그들의 의견만이 아니라 명예도 있습니다. "너희는 서로 영광을 주고받으면서도 정작 유일하신 하나님으로부터 오는 영광은 얻으려고 하지 않으니 어떻게 믿을 수 있겠느냐?"(요 5:44). 자기의 명예를 높이려는 욕망이 믿음을 훼방합니다. 자기 명예를 높이려는 사람은 더 이상 하나님과 이웃을 높이려 하지 않는 사람입니다. 부당한 처우를 받은 것이 뭐 그리 대수입니까? 하나님께서 우리를 긍휼히 여기셔서 그 정도인 게 다행이지, 만약 하나님께 그보다 더한 벌을 받는다 해도 아무것도 따지려고 할 말이 없는 게 우리 본연의 처지가 아닐까요? 제 아무리 부당한 처사라 할지라도 우리 자신의 본연의 처지를 생각해 보면 수 천배 이상의 호의적인 처사를 받은 게 아닐까요? 그 정도의 하찮은 불쾌함 정도야 그저 입 꾹 다물고

묵묵히 견디는 것이 겸손의 미덕을 함양하는 길이 아닐까요? "인내하는 마음이 교만한 마음보다 낫습니다"(전 7:8). 하나님의 은혜로 의롭게 되어 살아가는 사람은 어떤 모욕과 무시도 아무런 저항 없이 받아들일 마음의 준비가 되어 있습니다. 다 매를 대기도 하시고 감싸 어루만지기도 하시는 하나님의 손으로부터 온 것으로 받는 것입니다. 로마 시민이었던 사도 바울도 자신의 권리를 변호했고,(행 22:25-29) 예수님도 자신을 친 자에게 "네가 어찌하여 나를 치느냐?"(요 18:23) 되묻지 않으셨냐고 근거를 대면서, 인신공격을 받았을 때 즉시 되받아치지 않고는 도저히 견디지 못해 하는 마음가짐은 올바르지 않습니다. 예수님과 사도 바울처럼 모욕과 수치를 받는 중에도 잠잠하는 법을 먼저 배우지 않는 한, 우리 중 그 누구도 어떤 상황에서도 그분들처럼 되묻지 말아야 할 것입니다. 금세 화를 내는 죄는 그 꽃도 금세 피기에, 지나친 '자기중심', 그러니까 '믿음 없음'이 여전히 공동체 안에 얼마나 만개해 있는지를 거듭 보여주는 지표指標가 됩니다.

마지막으로 진지하게 기술할 것이 하나 있습니다. 진

지하게 말하기에 상투적으로 듣지는 말아주십시오. 스스로를 지혜롭게 여기지 않고 우매한 자와 같이 여긴다는 것은 결국 자신을 가장 추악한 죄인으로 인정한다는 뜻입니다. 이에 대해 인간의 죄 된 본성을 따라 살아가는 사람들뿐 아니라 자칭 그리스도인이라 하는 사람들조차 격한 거부감을 드러냅니다. 지나친 과장이기에 허위로 들린다는 것입니다. 하지만 사도 바울조차 자신을 가장 극악무도한 자, 즉 가장 추악한 죄인이라 고백하지 않았습니까(딤전 1:15). 그는 사도로서 자신의 사역에 대해 이야기 하던 중 그렇게 밝히고 있습니다. 죄에 대한 참된 자각은 우리 자신을 이 심연深淵까지 끌어내리고 맙니다. 만약 당신 자신의 죄가 다른 사람의 죄와 비교해 보아 상대적으로 더 작고 가벼워 보인다면 당신은 자신의 죄에 대한 자각이 전혀 없는 것입니다. 내 자신의 죄야말로 가장 추악하며, 가장 죄질이 높고, 그렇기에 가장 혐오스럽게 인식되어야 마땅합니다. 다른 사람의 죄는 그래도 그리스도의 사랑으로 어느 정도 덮어줄 수 있는 것이어도 본인의 죄는 어떤 경우에도 차마 그럴 수 없다고 여겨지는 것이 정상입니다. 그리스도의 공동체에서 섬기는 자리에 있는 사람은 이 깊이의 바닥까지 가라앉아야 합니다. 다른 사람의 죄가 자신의 죄보다 더 추악하게 보인다면 어떻게 그들을 섬길 수 있겠습니까? 자신이 섬기는 사람들에 대해 일말의 기대라도 있다면 결코 그들보다 자신을 높이 여겨서는 안 될 것입니다. 만약 그렇다면 그 섬김은 가식에 지나지 않습니다.

"자신이 다른 사람들보다 못난 사람임을 깊이 체감하지 못하거든 당신의 성화聖化의 길에 어떤 진전이 있는 줄 착각하지 마십시오" 토마스 아 켐피스.

그렇다면 그리스도의 공동체에서 참된 섬김은 어떻게 이루어지는 것입니까? 근래 들어 이 질문에 대해 '하나님의 말씀으로 이웃을 섬기는 것이야말로 참된 섬김이다'라는 식의 대답이 너무 쉽게 나오는 경향이 있습니다. 어떤 섬김도 하나님의 말씀을 가지고 행하는 섬김과 비할 바가 안 되고, 또한 모든 종류의 섬김이 결국 '말씀의 섬김'으로 귀결되는 것이 사실입니다. 하지만 한 공동체를 이루는 모든 사람들이 다 설교자는 아닙니다. 여기서 다른 종류의 섬김을 짚고 넘어가지 않으면 말씀의 섬김을 남용하는 현상이 더 심해지고 말 것입니다.

말씀 이외에 공동체에 속한 다른 형제와 자매들을 섬길 수 있는 첫 번째 방법은 귀 기울여 듣는 것입니다. 하나님에 대한 사랑이 그의 말씀을 들음으로부터 시작되었듯이, 다른 형제와 자매들에 대한 사랑 역시 그들의 진심 어린 이야기를 들어주는 것에서부터 시작됩니다. 우리를 향하신 하나님의 사랑은 당신의 말씀을 우리에게 주신 모습뿐 아니라, 당신의 귀를 친히 우리에게 기울이신 모습에서도 드러납니다. 다른 형제와 자매들의 이야기를 귀 기울여 들을 때 그들을 위해 일하시는 하나님의 사역에 동참하는 것입니다. 많은 그리스도인들이 특히 설교자들이 자주 실수하는 것이 있는데, 사람들이 모이는 자리에서 항상 무언가를 '제시'하는 것이 자신들이 감당할 섬김의 사역이라 생각하는 것입니다. 듣는 것이 말하는 것보다 더 위대한 섬김이 될 수 있음을 잊고 있는 것입니다. 많은 사람들이 자신의 이야기를 공감하며 들어줄 그리스도인을 찾으려 하지만 발견하지 못하곤 합니다. 왜냐하면 들어야 할 때조차 말하려 하기 때문입니다. 다른 사람의 이야기를 더 이상 듣지 않는 그리스도인은 끝내 하나님의 말씀조차 듣지 않으려 할 것입니다. 하나님의 존전尊前 앞에서조차 쉬지 않고 말할 테니까요. 영성의 죽음이 여기서 시작됩니다. 그리고 그 끝에는 공허한 종교적 잡담과 입 안을 신령한 말들로 한가득 채우고도 남을 영적 우월감만 남을 테지요. 다른 사람의 말하는 것을 끝가지 주의 깊게 듣지 않는 사람은 언제나 다른 사람들의 과거지사에 대해 떠들 것이고, 마침내 그러고 있는 자신의 모습조차 인식하지 못하게 될 것입니다. 다른 사람의 이야기나 들으며 흘려보내기엔 자신의 시간이 너무 값비싸다고 여기는 사람은 결코 하나님과 이웃을 위해 드릴 시간은 없고, 오직 자신과 자신이 하고 싶은 말과 이루고 싶은 계획을 위한 시간만 있는 사람입니다.

목양牧羊은 본질적으로 설교와 다른데, 목양에서는 듣는 사역이 하나님의 말씀을 전하는 사역과 함께 이루어집니다. 상대가 무슨 말을 할지 이미 다 안다는 듯이 한쪽 귀만 열어 놓고 듣는 사람이 있습니다. 이렇게 주의를 기울이지 않고 무성의하게 듣는 것은 실로 상대방을 무시하는 행위이며, 결국은 자신이 말할 기회를 엿보다가 상대를 떨어뜨려 내는 행위일 뿐입니다. 이런 식으로 듣는 것은 우리가 감당해야 할 섬김의 사역을 충족시키지 못합니다. 게다가, 이런 경우에 확인되는 한 가지 확실한 것은 다른 사람의 말을 듣는 우리의 태도가 바로 하나님과의 관계성을 반영한다는 사실입니다. 상대방이 다소 관심 밖의 주제를 가지고 말할 때 주의 깊게 듣지 않는 사람에게는 하나님께서 우리에게 맡기신 경청의 사역 중 가장 막중한 서로의 죄 고백을 듣는 사역을 즉시 중단하도록 제지해도 전혀 무리가 아닙니다. 요즘은 사회에서도 자신의 이야기를 진지하게 들어 줄 사람이 곁에 있다는 사실만으로도 상당한 치료 효과가 있다는 사실이 인식되고 있습니다. 이를 바탕으로 나름의 과학적인 형태의 상담치료 모델을 개발하고 있습니다.[30]

이 방법론이 많은 사람들에게서 인기를 끌고 있는데, 그 중에 그리스도인들도 포함되어 있다고 합니다. 그런 그리스도인들은 그 자신이 위대한 경청자이신 분께서 그들을 자신의 사역에 동참시키고자 듣는 사역을 맡기셨다는 소명을 잊은 것입니다. 우리 그리스도인들은 하나님의 귀로 들을 때 비로소 그의 말씀을 전할 수 있습니다.

두 번째로, 그리스도의 공동체에 속한 사람들이 서로에게 베풀어야 할 또 다른 종류의 섬김은 힘써 돕는 사역입니다. 앞서 이야기 해둘 것이 있는데, 우리는 겉으로 별 부담 없어 보이는 문제에 한해서 타인을 도우려 합니다. 사람들이 더불어 사는 곳에서 그런 정도의 문제들은 여기저기 널려 있기 마련입니다. 남이 처한 가장 곤란한 문제를 선뜻 떠맡을 만큼 선량한 사람은 보기 드뭅니다. 다른 사람이 겪는 문제에 약간의 부수적인 도움을 주는 것에도 자기 시간을 빼앗길까 노심초사하는 사람은 대개 지나칠 정도로 자기 일에만 몰두하는 사람입니다. 우리 그리스도인들은 언제라도 하나님이 부르시면 하던

---

30 본회퍼는 베를린대학 신경정신과 교수였던 아버지의 뒤를 이어 신경정신과 의사가 되리라는 가족의 기대를 받았다. 하지만 14세에 목사이자 신학자가 되겠노라 선언하자 온 가족은 충격과 당혹감을 감출 수 없었다. 그의 형제 중한 명이 왜 그런 '보잘 것 없고, 무기력하고, 따분하고, 편협하고, 부르주아 집단인 교회'에서 일하며 인생을 낭비하려 하느냐고 묻자, "형이 말한 것이 사실이라면 그런 교회를 개혁하면 되지"라고 대답했다.

일을 당장이라도 중단할 준비가 되어 있어야 합니다. 하나님은 우리가 다니는 길목에 때로 부탁과 요구사항을 양손에 들고 있는 사람들을 보내서서 우리의 계획을 좌절시키시고 우리의 가던 길을 가로막으십니다. 우리 중에는 자신의 일정을 더 소중하게 여긴 나머지 그들을 외면하고 지나치는 사람도 있을 것입니다. 마치 한 제사장이 강도를 만나 길바닥에 쓰러진 사람을 그냥 지나쳤듯 말입니다 (눅 10:31). 이웃의 필요를 외면하고 그냥 지나친다면 그것은 우리의 길이 아닌 당신의 길을 따라야 함을 보여주시고자 하나님께서 우리 삶의 행로 위에 친히 세워 두신 눈에 보이는 십자가의 징표를 외면하고 지나치는 것입니다. 사람들 중에서 그리스도에게 속했다는 사람들이나 신학자들이 때때로 자신의 일정을 너무 중요하고 시급하게 여긴 나머지 그 무엇도 제발 자신을 방해하지 말아 주었으면 좋겠다는 식의 마음을 내비취는 모습은 실로 이해하기 어렵습니다. 그런 사람들은 자신들이 하나님을 위해 뭔가를 하고 있다고 생각하겠지만, 사실은 '돌아가는 듯 보이나 실은 곧게 뻗어 있는' 하나님의 길을 멸시하고 있을 뿐입니다. 자신들이 세운 계획을 하나님께서 어떻게 막으시는지에 대해 배우는 것에는 아무 관심이 없는 사람들입니다. 어려움에 처한 사람들을 돕는 사역이야말로 겸손의 학교에서 받는 수업의 일부로써, 우리의 손에 아무 힘이 남아 있지 않을 때까지 힘써 도와야 합니다. 우리 그리스도인들은 자기 시간을 스스로 주관하지 않고 하나님께서 맘대로 쓰시도록 기꺼이 내어드리는 사람들입니다. 수도원 공동체에서 수도사들이 수도원장에게 받치는 순종의 맹세는 바로 원하는 시간에 원하는 것을 할 권리를 포기한다는 선언입니다. 개신 교회에서는 서로를 향한 자발적인 섬김이 바로 수도사의 맹세나 마찬가지입니다. 매일매일 이웃들을 힘써 돕기 위해 베푸는 사랑과 긍휼의 손길이 더 이상 힘이 남아있지 않을 때, 비로소 입을 열어 하나님의 사랑과 긍휼의 말씀을 기쁘고 진심 어리게 전할 수 있는 것입니다.[31]

세 번째로, 서로의 짐을 나누어지는 섬김의 사역에 대

---

31 성 프란시스St. Fransis of Assisi는 막 전도여행을 떠나려는 수도사들에게 이런 지침을 내렸다고 한다. "모든 수단을 사용해서 어찌하든지 복음을 전하십시요. 정말로 필요하다면 마지막 수단으로 입을 벌려 말을 사용해도 됩니다."

해 이야기 하려 합니다. "여러분은 서로 짐을 나눠지십시오. 그렇게 하므로 여러분은 그리스도의 법을 완성하게 될 것입니다" ^(갈 6:2). 여기서 말하는 그리스도의 법은 '용납의 법'입니다. 용납이란 '아파하며 참는다'는 뜻입니다. 그리스도인에게 '너'의 의미는 '짐'입니다.³²

사실 그리스도인라면 그렇게 여겨야 합니다. 믿지 않는 자들에게 '너'의 의미는 결코 '짐'이 아닙니다. 상대방이 짐을 지우려 하면 멀찍이 피해 물러나면 그만입니다. 하지만 그리스도인은 서로의 짐을 나누어 짊어지는 사람들입니다. 서로로 인해 아파하면서도 참는 사람들입니다. 그들에게 있어 서로서로는 참 형제와 자매로써 지고 가야 할 짐이지, 이용해야 할 대상이 아닙니다. 인간의 짐은 심지어 하나님에게도 무거운 것이기에 그 짐을 지고 십자가 위에서 고난당하셔야 했습니다. 하나님은 예수 그리스도의 몸을 통하여 인간 때문에 아파하시

---

32 이 단락과 이후 이 장의 마지막 단락까지 해당하는 원문에서 본회퍼는 마틴 부버가 제창한 '나'와 '너'의 용어를 직접적으로 사용하지 않았다. 하지만 타인이 지닌 객체의 고유성을 강조하는 그의 의도를 살리기 위해 역자가 의용意用 하였다.

고 참아내야 하셨습니다. 그렇게 하심으로 마치 어미가 자녀를 품에 안듯, 목자가 잃어버린 양을 찾아 품에 안듯, 하나님은 인간을 품에 끌어안으셨습니다. 그래서 하나님이 인성人性을 취하셨습니다. 인간은 그런 하나님을 땅바닥에 내쳤습니다. 하지만 하나님은 그런 인간과 함께 머무셨고, 그들 또한 하나님과 머무르게 되었습니다. 인간 때문에 아파하시고 견디시면서 하나님은 그들과 더불어 공동체를 이루셨습니다. 십자가 위에서 성취된 것은 바로 그리스도의 법이었습니다. 그리스도인은 그리스도의 법을 따르는 사람들입니다. 그렇기에 서로의 짐을 나누어 지고 함께 아파할 의무가 그리스도인에게 있습니다. 하지만 이 의무보다 더 중요한 것은 그리스도의 법이 이미 성취되었기에 서로의 짐을 나누어지는 것이 가능해졌다는 사실입니다.

성경에서 '용납'이란 단어를 자주 사용하고 있는 것을 주목해야 합니다 (롬 2:4 ; 엡 4:2 참고). 이 한 단어가 예수 그리스도의 행하신 일의 전반을 잘 드러내고 있다는 뜻입니다. "사실 그가 짊어진 병은 우리의 병이었고 그가 짊어진 아픔은 우리의 아픔이었습니다. … 그가 매를 맞아서 우리의 병이 나은 것입니다"(사 53:4-5). 그러므로, 성경이 그려내고 있는 그리스도인의 삶의 결정체는 바로 십자가를 짊어진 모습일 것입니다. 십자가를 짊어지고 걸어가는 이는 바로 그리스도의 몸 된 공동체, 즉 십자가의 공동체로 이 공동체에 속한 자들은 서로로 인해 아파해야 정상입니다. 서로로 인한 아픔이 없다면 그 공동체는 그리스도의 공동체가 아닙니다. 서로의 짐을 짊어지기를 거부하는 사람은 그리스도의 법을 거부하는 사람입니다.

앞서 언급했지만, 상대방의 '자유'가 그리스도인들이 서로 짊어져야 할 짐이 됩니다. '나'의 뜻을 이루는 길에 놓인 걸림돌은 다름 아닌 '너'의 자유인데, 이 관계에 대한 이해가 반드시 필요합니다. 상대에게 인신공격을 가하거나, 자신의 형상을 덧입힘으로써 '너'의 자유를 빼앗아 버리면 걸림돌을 제거할 수 있습니다. 하지만 사람들 안에 당신의 형상을 창조하시는 하나님을 인정한다는 것은 '너'에게 주어진 고유한 자유 또한 인정한다는 뜻입니다. 즉 그리스도인은 하나님의 형상으로 창조된

'너'라는 존재들이 누리는 자유로 말미암아 생기는 짐을 지게 됩니다. 인간 됨됨이, 개성, 그리고 타고난 조건 같은 것들이 '너'가 누리는 고유한 자유의 일부입니다. (인내심의 한계를 시험하게 만드는 다른 사람의 연약함과 유별남 또한 그 일부입니다. '나'와 '너' 사이에 끝없이 생겨나는 충돌과 차이 그리고 언쟁을 야기하는 모든 원인들 또한 그 일부라 할 수 있습니다). 상대의 짐을 짊어진다는 것은 그러니까 하나님이 창조하신 '너'의 있는 모습 그대로를 용납하며, 즉 인정하고 참아주며 더 나아가 기뻐하는 데까지 이른다는 뜻입니다. 한 믿음의 공동체 안에 강자와 약자가 함께 섞여 있을 때 서로를 용납하는 것은 특별히 어려운 일입니다. 약자는 강자를 판단해서는 안되고, 강자는 약자를 무시해서는 안 됩니다. 약자는 강자 앞에서 자존심의 날을 세우지 않도록 주의해야 하고, 강자는 약자에 대한 무관심을 경계해야 합니다. 어느 쪽도 자신의 권리를 앞세워서는 안 될 것입니다. 강자가 넘어졌을 때, 약자가 그것을 고소하게 여기지 말아야 합니다. 약자가 넘어졌을 때 강자는 친절하게 다시 일으켜 세워주어야 합니다. 양쪽이 똑같이 인내해야 합니다.

"혼자여서 넘어져도 일으켜 줄 사람이 없으면 얼마나 불쌍한가!" (전 4:10).

성경이 우리에게 "서로 용납하라" (골 3:13).

교훈하고, 또 그렇게 하되 "온전히 겸손하고 온유하게 행동하고 오래 참음으로 행동하되 사랑 가운데 서로 용납하라" (엡 4:2).

말씀할 때는 상대의 자유를 존중하여 받아들이라는 의미임이 분명합니다.

죄가 '너'의 고유한 자유와 함께 그리스도인들의 관계 속에 들어와 또 하나의 무거운 짐이 됩니다. '너'의 죄의 짐은 자유의 짐보다 짊어지기가 더 어렵습니다. 죄는 공동체를 깨뜨리기 때문입니다. 그리스도의 공동체는 예수 그리스도 안에서 '너'와의 연합으로 이루어졌기에 또한 '너'로 인해 깨어지는 고통을 겪게 됩니다. 하지만 그렇기에 하나님의 놀라운 은혜는 그런 '너'를 용납할 때 비로소 충만하게 드러납니다. [33]

죄인들을 멸시하지 않으시되 친히 그들을 끝까지 용납

하시니, 잃어버린 자들을 포기하지 않으시고 찾아 다시 데려오셔서 용서로 맞아 공동체를 보존하십니다. "형제 들이여, 어떤 사람이 무슨 범죄한 일이 드러나거든 영의 사람인 여러분은 온유한 마음으로 그런 사람을 바로잡아 주고 자기를 살펴 유혹에 빠지지 않도록 하십시오"(갈 6:1).

그리스도께서 죄인 된 우리를 품어 맞아주셨으니, 그의 무리에 속한 우리 역시 죄인들을 품어 용서함으로 예수 그리스도의 공동체로 맞아들여야 할 것입니다. 즉 서로의 죄로 인해 아파하되, 서로를 판단하지 않아야 할 것입니다. 이것이 그리스도인들을 향한 하나님의 은혜입니다. 공동체 안에 들어온 죄 치고 어떤 죄가 기도와 중보가 부족했고, 서로를 붙들어 위로해 주지 못했고, 은밀

---

33 본회퍼의 지인이었던 칼 바르트Karl Barth에게 '자유'는 한 인격적 존재의 실존으로 이해되었다. 하나님은 절대적인 자유를 지닌 분으로, 하나님의 사랑은 바로 이 절대적인 자유함 속에서 선택하여 죄인들을 용납하신 사랑으로 이해되었다. '자유가 없는 상태에서의 사랑은 거룩한 하나님의 사랑이 아니다'라고 볼 수 있다. 그리스도로 말미암아 자유를 얻은 자들, 즉 참된 사랑을 받은 자들이 서로의 짐을 나누어지는 것이 그리스도의 법, 즉 하나님의 사랑을 완성하는 길이 된다(갈 6:2). 그리스도의 사도된 바울은 이를 이렇게 표현한다. "내가 모든 사람에 대해 자유로우나 스스로 모든 사람에게 종이 됐습니다. 이는 내가 더 많은 사람을 얻기 위해서입니다"(고전 9:19).

한 죄와 게으른 영성 훈련으로 자신은 물론 공동체와 다른 형제와 자매들을 찔렀던 자신을 돌아보아 가슴쳐야 할 죄가 아니겠습니까? 각 사람의 죄가 전체 공동체를 억누르고 범죄자로 기소起訴 하기 때문에, 믿음의 공동체는 다른 형제와 자매들의 죄가 공동체에 입힌 상처로 인해 고통스러워하면서도 그 가운데 기뻐하고, 그 어깨 위에 얹힌 모든 무거운 짐에도 불구하고 서로의 죄를 참아주고 용서하는 것을 마땅한 줄로 여기며 기뻐하는 것입니다. "다른 형제들을 용납하십시오. 그러면 그들도 마찬가지로 당신을 용납할 것입니다. 그러면서 좋은 일도 나쁜 일도, 모든 것을 더불어 함께 하는 것입니다" 마틴 루터.

'너' 된 상대에 대한 용서는 '나' 된 누군가에 의해 매일매일 베풀어지는 섬김의 사역입니다. 그리고 이 사역을 지치지 않고 감당하는 사람마다 자신 또한 같은 공동체에 속한 누군가에 의해 용서받고 있음을 기억합니다. 다른 사람들을 용납하는 사람들은 자신 또한 누군가에 의해 용납되고 있음을 알고 있습니다. 오직 이 확신 속에 또한 다른 사람들을 용납할 수 있는 것입니다.

상대방의 말을 귀 기울여 듣고, 힘써 돕고, 또 용납하는 섬김이 신실하게 이루어지는 기초 위에 가장 궁극적인 사역, 즉 하나님의 말씀의 사역이 세워질 수 있습니다.

　말씀의 사역은 특정한 교회 직분이나 시간 그리고 장소의 제한 없이 '나'와 '너'사이에 수시로 이루어져야 합니다. 중요한 것은 '나'의 언어가 '너'를 향해 알아들을 수 있는 말로 하나님의 위로와 훈계와 인자하심과 변함없으심에 대해 증거할 수 있는 사전 여건이 마련되었는가 하는 문제입니다. 먼저 귀 기울여 듣지 않았는데 어떻게 상대에게 진정으로 필요한 말을 해줄 수 있겠습니까? 평소에 힘써 돕지 않았는데 어떻게 그 말에 신뢰와 믿음이 가겠습니까? 상대를 용납하는 태도가 아닌 성급하게 다그치는 태도로 말을 하는데 어떻게 그 말이 답답한 가슴을 풀어주고 쓰린 상처를 치유하는 말이 되겠습니까? 평소 상대에게 귀 기울여 듣고, 힘써 돕고, 또 용납해 주었던 사람이 상대를 위해 기꺼이 입을 다물 수 있습니다. 매사에 말만 떠벌려 상대에게 깊은 불신을 주었다면 어떤 말도 먹히지 않을 것입니다. 영향력 없는 사람의 말이 다른 사람에게 무슨 차이를 가져다주겠습니까? 공허한 말에 또 말을 더해 무엇하겠습니까? 마치 노련한 '영적 전문가'답게 이미 도움의 때가 다 지나가 버린 상대방의 어려운 처지에 대해 평론해야 할까요? 하나님의 말씀을 필요 이상으로 말하는 것보다 더 위험한 행태가 과연 있을까요? 한편, 하나님의 말씀을 말해야 할 때 침묵에 따르는 책임을 과연 누가 지고 싶어 할까요? 침묵과 담화談話 사이에서 어렵게 줄타기하며 말씀의 사역을 감당하는 것보다 설교 강단에서 준비된 말씀을 전하는 사역이 훨씬 더 수월할 것입니다.

내뱉은 말에 따르는 책임에 대한 경각심에 이어 또 다른 경각심이 뒤따릅니다. 다른 그리스도인 앞에서 예수 그리스도의 이름을 내세우는데 어떤 책임이 뒤따를까요? 이 질문에 대한 답에 도달하는 바른 길과 그른 길이 서로 뒤엉켜 있습니다. 그 누가 상대에게 자신의 의견을 강요할 권한을 가지고 있습니까? 그 누가 상대를 장악하고 몰아붙여 근본적인 주제에 대해 거론할 자격을 갖추었습니까? 만약 누군가 이 질문들에 대해 모든 그리스도인 한 사람 한 사람이 그럴 권리보다는 그럴 '권한'을 가졌다고 답한다면 그것은 그 사람의 수준이 높지 않음을 대변해 주는 증거입니다. 예수 그리스도의 이름으로 상대를 무작정 몰아붙이는 행태는 어떻게 반대할 수도 없도록 상대를 가장 난감하게 만듭니다. 사실 상대방 역시 누군가 얼토당토않게 자신의 권리를 무단으로 침해한다면 힘써 자신을 보호할 권리와 책임과 권한을 가지고 있습니다. 사람들 저마다 다른 사람에 의해 깊이 찔린 후 평생 흉터로 남지 않기 바라는 비밀들을 간직하고 있습니다. 다른 사람들에게 누설되고 나면 도저히 살 수 없게 만드는 그런 비밀들 말입니다. 지식이나 감정과 관련된 비밀들이 아니라, 바로 그 사람의 자유와 구속救贖과 실존實存과 관련된 비밀들… 가인으로 씩씩거리며 하나님을 향해 되묻게 만들었던 살인의 비밀과 섬뜩하리만치 밀접한 그런 비밀들입니다. "모릅니다. 내가 동생을 지키는 사람입니까"^(창 4:9) 겉으로는 상대방의 자유를 깊이 존중해주는 듯 한 영적인 가식으로는 하나님의 책임 추궁을 면치 못할 것입니다. "내가 그의 피에 대해 네게 책임을 추궁할 것이다"(겔 3:18).

그리스도인들이 더불어 살아가다 보면 때때로 어떤 식으로든 누군가에게 하나님의 말씀과 뜻에 대해서 개인적으로 권면하는 경우가 생깁니다. 이런 경우에 상대방에게 가장 중대한 현안에 대해 다루지 않는 것은 있을 수 없는 일입니다. 만약 그 현안이 무엇인지 알고 있으면서도 의도적으로 회피한다면 그건 그리스도인의 본분을 다하는 것이 아닙니다. 상대방에게 해야 할 말을 도저히 하지 못하겠다면 그를 도저히 범접하지 못할 부류의 사람으로 여기고 있지는 않은지 스스로에게 물어봐야 합니다. 즉, 나이나 지위나 능력을 다 떠나 그 사람 역시 하나님의 은혜를 간절히 부르짖는 똑같은 죄인이라는 가장 중요한 사실을 잊고 있지는 않은지 스스로에게 물어봐야 합니다. 그런 사람 또한 우리와 마찬가지로 나름의 심각한 문제에 빠져 있고, 그렇기에 우리와 마찬가지로 도움과 위로와 용서가 필요한 존재입니다. 인간으로 누릴 수 있는 모든 명성을 누린다 해도 도움의 손길 없이는 비참하게 내버려진 죄인에 지나지 않음을 알기에 그리스도인들은 서로를 권면할 수 있습니다. 그렇다고 해서 상대방을 폄하하고 무시해도 된다는 뜻은 아닙니다. 도리어, 그들에게 인간에게 합당한 단 하나의 명예, 즉 죄인 된 자들로서 하나님의 은혜와 영광을 받아 누리는 명예, 바로 하나님의 자녀된 명예로 그들을 높여야 한다는 뜻입니다. 이를 깨달을 때 대화에 필요한 자유함과 솔직함을 가지고 서로를 대할 수 있습니다. 그리스도께서 우리로 가라 명하신 길을 가기 위해 우리는 서로를 독려합니다. 그리스도께서 명하신 것을 불순종 가운데 행하지 않을 때 우리는 서로를 일깨워 줍니다. 서로를 온유하나 단호하게 대합니다. 하나님께서 온유하시나 또한 단호하신 분임을 알기 때문입니다. 우리가 두려워해야 할 유일한 분이 하나님이시라면 우리가 서로를 두려워 할 이유가 무엇이겠습니까? 누군가 행여 부적절하고 어눌한 말로 우리에게 하나님의 위로나 권면에 대해 말할지라도 그것이 무엇을 의미하는지 충분히 알아들을 수 있다면, 왜 다른 사람이 우리의 말하는 것은 알아듣지 못할 거라고 지레 생각합니까? 아직도 그렇게 생각하고 있다면, 온 세상을 통틀어서 위로나 권면을 필요로 하지 않는 존재는 오직 단 한 분임을 믿기는 하는 것입니까? 만약 믿는다면, 왜 그 분이 우리에게 그리스도의 공동체를 선물로 주셨다고 생각하십니까?

공동체에 속한 형제와 자매들이 자주 우리에게 찾아와 하나님의 말씀을 가지고 행여 꾸짖고 권면할지라도 감사함으로 달게 받을 수 있다면, 우리 또한 하나님의 말씀을 가지고 보다 자유롭게 그들에게 나아갈 수 있을 것입니다. 날카롭고 알량한 자존심 때문에 다른 그리스도인이 건네는 진심어린 말을 받아들이지 않는 사람은 다른 사람들에게 겸손 가운데 진리를 말할 수 없습니다. 그런 사람은 다른 사람의 말에 상처받고 외면당할까 두려워하는 사람입니다. 예민해서 쉽게 토라져 버리는 사람은 언제 어디서나 입을 떠벌리고 다니며, 그러다가 곧 공동체 안에 다른 형제와 자매들을 흠잡아 흉을 봅니다. 하지만 겸손한 사람은 언제나 진실과 사랑에 붙잡혀 있습니다. 언제나 하나님의 말씀에 사로잡혀, 그 말씀에 이끌리어 공동체의 형제와 자매들에게 나아갑니다. 그런 말씀의 사람들은 자신의 유익을 위해서는 아무것도 구하지 않기에 자신에 대해 두려워할 것이 아무것도 없고, 따라서 다른 형제와 자매들을 하나님의 말씀으로 도울 수 있습니다.

명백한 죄에 빠진 형제나 자매를 권면할 때는 단호한 어조로 말해야 합니다. 죄를 다루는 하나님의 말씀이 단호하기 때문입니다. 죄에 대한 제재制裁는 당사자로부터 가까운 사이에서부터 이루어져야 합니다. 교리와 삶이 하나님 말씀으로부터 일탈되어 더불어 사는 공동체와 더 나아가 온 믿음의 공동체를 위험에 몰아넣을 때는 권면과 책망의 말 자체도 생존에 위협을 받습니다. 다른 형제나 자매를 그들의 죄 가운데 내버려 방치하는 것보다 더 없이 가혹한 것은 없습니다. 누군가를 죄의 길에서 돌이키게 만드는 따끔한 질책만큼 더 없이 긍휼 넘치는 모습 또한 없습니다. 죄에 빠진 당사자와 권면자 사이에서 판단하고 돕는 역할을 오직 하나님의 말씀에 맡기는 것이 참된 그리스도의 공동체가 궁극적으로 베풀 수 있는 긍휼의 사역입니다. 우리 자신이 재판관이 아닙니다. 하나님 한 분만이 재판관 되시고, 하나님의 심판만이 그 효력을 발휘해 회복시킵니다.

결국 우리는 다른 형제와 자매들을 그저 도울 뿐이지 그들 위에 군림할 수는 없습니다. 가령 하나님의 말씀으로 형제들을 심판하여 내쳐야 할 때나, 하나님의 말씀에 따라 그들을 공동체에서 쫓아내야 할 때조차 우리는 그저 그들을 섬길 뿐입니다. 우리로 다른 형제와 자매들에게 헌신하게 만드는 원동력은 인간적인 사랑이 아니라 오직 분별력을 가지고 그들에게 다가서게 만드는 하나님의 사랑임을 알고 있습니다. 하나님의 말씀은 인간을 판단하는 역할을 합니다. 하나님의 판단을 받는 사람은 또한 도움을 받습니다. 하나님께서 말씀으로 인간을 심판하시는 자리야말로 서로를 위한 인간의 노력의 한계가 분명히 드러나는 자리입니다.

"그 가운데 어느 누구도 결코 자기 형제를 구원하지 못하고 형제를 위해 하나님께 대속할 제물을 바치지 못하리라. 영혼을 대속하는 것은 너무나 엄청난 일이어서 어떤 값이라도 충분하지 않으니…" (시 49:7-8). 인간의 능력으로 다른 사람을 구속하려는 노력을 포기한다는 고백이야말로 오직 하나님의 말씀만이 이루실 수 있는 인간의 구속을 위한 선결 조건이자, 또 말씀만이 이루신다는 선언입니다. 다른 형제와 자매들의 생사화복生死禍福을 우리 손에 쥐고 있지 않습니다. 손에서 빠져 나가는 모래 가루를 붙잡을 길이 없습니다. 죽기로 작정된 것을 살릴 도리가 없습니다. 하지만 하나님은 흩어진 사람들을 하나로 모으셔서 공동체를 이루시고, 심판을 통해 또한 은혜를 베푸십니다. 그런 하나님은 우리의 입에 당신의 말씀을 넣어주시고 우리의 입술을 통해 그 말씀이 선포되기 원하십니다. 우리가 그 말씀을 침묵 속에 가둔다면 죄로 인해 흘린 상대방의 피에 대한 책임을 우리에게 추궁하실 것입니다. 우리가 하나님의 말씀을 들고 나갈 때 하나님은 우리를 통해 상대방을 구원하기 원하십니다. "죄인을 유혹의 길에서 돌아서게 한 사람은 그의 영혼을 죽음에서 구하고 많은 죄를 덮을 것입니다" (약 5:20).

"누구든지 너희 중에서 큰 사람이 되고 싶은 사람은 너희를 섬기는 자가 돼야 한다" (막 10:43). 여기서 예수님은 공동체의 모든 권세 한 가닥 한 가닥을 서로에 대한 섬김으로 매듭짓고 계십니다. 경청의 섬김, 도움의 섬김, 용납의 섬김, 그리고 선언의 섬김이 있는 곳에 참된 영적 권세가 세워집니다. 공동체 내에 특출난 자질과 능력과 재력과 재능을 갖춘 사람들에게 지지를 보내는 행태는 비록 그들의 조건이 겉으로는 영적인 것과 관련있어 보인다 해도 그 자체로 실은 세속적인 것이기에 그리스도의 믿음의 공동체에는 설 자리가 없습니다. 그런 행태는 진정 공동체를 해치는 독입니다. 오늘날 우리가 자주 듣게 되는 "그 주교님 말이야…", "그 신부님 말이야…", 혹은 "그 목사님 말이야…"하며 특정인에게 뜨거운 관심을 표하는 소리는 눈에 보이는 인간을 선망하고 눈에 보이는 권세자를 세우고 싶어 하는 인간의 영적인 질병에서 비롯된 증상인 경우가 많습니다. 이는 종의 모습으로 섬김을 실천하는 참된 권세자들에 대해서는 관심 밖이라는 반증입니다. 이러한 인간의 욕망은 감독주교의 직분에 대한 신약성경의 기술에 정면으로 충돌합니다. "사람이 감독(주교)의 직분을 간절히 사모한다면 그는 선한 일을 열망하고 있다는 것입니다" (딤전 3:1). 여기서 차이를 가져다주는 뛰어난 재능이나 세간의 이목을 끄는 빛나는 영적 자질을 감독의 조건으로 걸고 있지 않습니다. 감독의 직분에 합당한 사람은 철저한 믿음과 충성된 삶으로 믿음의 주님이 맡기신 사역을 공동체를 향해 올바르게 수행하되 자신을 애써 드러내지 않는 그런 사람입니다. 섬김의 직분을 감당하기에 그들에게 권세가 있는 것이지, 사람 자체로 선망의 대상이기에 권세가 있는 것이 아닙니다. 겉모양만 흉내낸 권세자에 대한 집착이 궁극적으로 그리스도를 통하지 않은 '나'와 '너'의 직접적인 관계를 조장해서 교회내 유명인사에게 예속되게 만듭니다. 하지만 참된 권세자는 그리스도의 중재가 없는 모든 인간적인 유대紐帶, 특별히 권력과 결부된 인간적인 유대가 끔찍한 재앙임을 알고 있습니다. 참된 권세자는 예수 그리스도께서 하신 다음 말씀에 철저하게 사로잡힌 사람입니다. "그러나 너희는 '랍비'라고 불려서는 안 된다. 너희 선생은 오직 한 분뿐이며 너희는 모두 형제들이기 때문이다" (마 23:8). 믿음의 공동체에 필요한 사람은 뛰어난 자질을 갖춘 사람이 아니라 예수님과 형제들 모두에게 믿음직스런 종입니다. 찾아보기 힘든 부류의 사람은 뛰어난 사람이 아니라 바로 믿음직스런 사람입니다. 예수 그리스도의 말씀을 우직하게 받드는 사람들로 말미암아 믿음의 공동체에는 두려움이 없습니다. 왜냐하면 인간의 지혜나 재기才氣가 아닌 선한 목자 되신 분의 음성이 공동체를 이끌고 있음을 알고 있기 때문입니다. 권세의 문제는 영적 리더십에 대한 신뢰와 직결되어 있기에, 이 신뢰는 예수 그리스도를 섬기는 사람들의 신실함에 의해 결정되는 것이지, 결코 타고난 뛰어난 재능으로 결정되지 않습니다. 목양의 권세는 자신의 권세에 대해서는 아무런 관심 없고, 다만 다른 형제와 자매들과 함께 그리스도에게 속한 자가 되어 말씀의 권세에 순종하는 모든 그리스도의 종 된 자들에게 주어집니다.

Dietrich Bonhoeffer

Dietrich Bonhoeffer

Dietrich Bonhoeffer

Dietrich Bonhoeffer

5장

죄 고백과
성만찬에 대한 묵상

LIFE TOGETHER

"그러므로 서로 죄를 고백하십시오" (야 5:16)

　죄 중에 홀로 거하는 사람이야말로 궁극적으로 홀로
버려진 사람입니다. 날마다 다른 이들과 더불어 예배드
리고 기도하고 또 여러 사역에 참여함에도 불구하고 여
전히 외로움을 느낄 수 있습니다. 의롭지 못한 죄인 된
자격이 아닌, 의로운 성도된 자격으로 공동체를 향유하
려 하기 때문에 참된 공동체에 이르는 마지막 길이 열리
지 않을 수 있습니다. 의인들이 모인 공동체에는 어떤 죄
인도 발붙일 수 없기 때문입니다. 따라서 사람들은 하나
같이 자신들의 죄를 자기 자신과 공동체로부터 숨길 수

밖에 없게 됩니다. 죄인임이 드러나면 더 이상 공동체에 머무를 수 없기 때문입니다. 의인의 무리 가운데 만약 추악한 죄인이 벌떡 일어서기라도 한다면 얼굴이 사색으로 변할 사람들이 꽤 될 것입니다. 그렇기에 우리는 거짓과 가식에 사로잡힌 채, 자신의 죄 가운데 홀로 내버려지게 되는 것입니다. 우리는 실제로 죄인들이기 때문입니다.

하지만 '스스로 의롭다' 하는 자들에게 참으로 이해하기 힘든 복음의 은혜가 이 진실을 가지고 우리를 맞대면 합니다. 그리고 우리에게 도전합니다. '그대는 죄인이 아닌가. 추악한 죄인이 아닌가. 거룩하지 못한 죄인이 아닌가.' 그러니 이제는 죄인 된 모습 그대로를 가지고 여러분을 사랑하시는 하나님께로 나아오십시오. 하나님은 있는 그대로의 당신을 원하시며, 당신으로부터 어떤 것도, 제사도 선한 행실도 어떤 것도 원하지 않으십니다. 다만 당신만을 원하십니다. "내 아들아, 네 마음을 내게 주어라"(잠 23:26, 개역개정).

하나님께서 죄인 된 자들을 복되게 하고자 여러분을 찾아오십니다. 그러니 기뻐하십시오! 이 소식이야말로 진리를 통해 울리는 자유의 소식입니다. 여러분은 하나님으로부터 자신을 숨길 수 없습니다. 여러분이 다른 사람들 앞에서 쓰고 있는 가면이 하나님의 존전 앞에서는 아무 소용이 없을 것입니다. 하나님은 있는 모습 그대로 여러분을 보기 원하십니다. 그리고 그런 당신에게 은혜 베푸시길 원하십니다. 여러분은 더 이상 자신과 다른 사람들에게 마치 죄가 없는 듯 거짓말을 하지 않아도 됩니다. 당신의 당신 된 죄인이어도 좋습니다. 이로 인해 하나님께 감사합시다. 죄는 미워하시되 죄인은 사랑하시는 하나님께.

그리스도께서 우리와 같은 육신을 입고 우리의 형제가 되셨으니, 우리가 그를 믿게 되었습니다. 하나님의 사랑이 그리스도를 통해 죄인들에게 찾아왔습니다. 그리스도의 임재 안에서 인간은 비로소 자신의 죄인 된 존재를 드러낼 수 있게 되었고, 이를 통해서만 또한 도움을 얻게 되었습니다. 그리스도의 임재 안에서 모든 가면을 벗어 던지게 되었습니다. 예수 그리스도 안에 있는 복음의 진리가 두 가지를 드러냅니다. 죄인 된 자의 참혹한 모습과 하나님의 긍휼입니다. 그래서 예수께서 그를 따르는 자들에게 죄의 고백을 듣는 권세와 함께 그리스도의 이름으로 죄를 용서하는 권세를 주셨습니다.

"만일 너희가 누구의 죄든지 용서하면 그 죄는 사함받을 것이요, 용서하지 않으면 그 죄는 그대로 있을 것이다"(요 20:23).

죄 용서의 권세를 주시면서 그리스도께서는 우리로 믿음의 공동체를 이루게 하시고, 또한 공동체에 속한 형제와 자매들을 우리를 향한 하나님의 은혜의 방편으로 삼으셨습니다. 이제 한 사람 한 사람의 그리스도인이 그리스도를 대신하게 된 것입니다. 다른 그리스도인의 목전 앞에서 우리는 더 이상 가면을 쓸 필요가 없게 된 것입니다. 다른 그리스도인의 목전 앞에서 죄인인 우리의 우리 됨이 이루어지게 된 것입니다. 드넓은 온 세상 가운데 그 만남이 이루어지는 현장을 예수 그리스도께서 진리와 긍휼로 다스리시기 때문입니다. 그리스도께서 우리를 돕기 위해 우리의 형제가 되셨습니다. 그렇기에 그리스도로부터 '죄 고백을 서로 듣고 죄를 서로 사하라' 명하신 권세를 받은 그리스도인 형제와 자매들은 우리에게 찾아오시는 그리스도가 됩니다. 그들은 하나님의 진리와 은혜의 표시로 우리 앞에 서게 됩니다. 우리를 돕기 위해 하나님께서 보내신 자들입니다. 상대방 형제나 자매가 그리스도를 대신해서 우리의 죄 고백을 듣고, 또한 그리스도의 이름으로 그 죄를 사합니다. 하나님께서 우리가 고백한 죄를 비밀로 지켜 주시니, 죄 고백을 들은 사람도 비밀을 지켜야 합니다. 죄를 고백하기 위해 다른 신도를 찾아가는 길은 하나님께 찾아가는 길입니다.

그렇기에 죄를 서로 고백하고 용서해 주는 그리스도의 공동체로의 부르심은 곧 믿는 자들의 무리에게 허락하신 하나님의 놀라운 은혜로의 부르심인 셈입니다.

죄 고백과 함께 그리스도의 공동체에 이르는 길이 열립니다. 죄는 사람과 홀로 붙어 있기를 원하기에, 그들로 다른 사람들과 더불어 이루는 공동체로부터 멀리 떨어지게 만듭니다. 외로우면 외로울수록 사람을 파멸시키는 죄의 소용돌이는 더욱 거세어져 갑니다. 그 소용돌이에 더 깊이 빠져들면 들수록 사람의 홀로 거함이 하나님 앞에 더욱 보기 좋지 못하게 됩니다. 죄는 빛을 가립니다. 죄는 채 고백하지 못한 말들로 뒤덮인 흑암의 장막 속에 사람을 가두어 두고는 꼼짝 못하도록 온몸과 마음을 마비시킵니다. 이런 일이 경건한 공동체에 속한 사람들에게 일어날 수 있습니다. 죄를 고백할 때 복음의 빛이 흑암의 장막을 찢고 그 안에 고립된 사람의 마음 위에 비춥니다. 죄는 반드시 빛 가운데 드러나야 합니다. 채 나오지 못한 말은 바깥으로 나와야 하고 고백되어져야 합니다. 비밀의 장막 뒤에 숨은 모든 죄가 빛을 봐야 합니다. 죄를 입술로 고백하면서 내뱉기까지가 힘듭니다. 하지만 하나님은 놋문을 부수시고 쇠 빗장을 꺾으시는 분입니다(시 107:16). '나'의 죄 고백은 '너' 앞에서 이루어지는 것이기에, 마지막까지 버티고 저항하는 '자기 의'의 요새마저 함락시킵니다. 죄인이 모든 악을 무장해제한 채 항복하고, 그 마음을 하나님께 드리며, 예수 그리스도와 그의 형제들로 이루어진 공동체 안에서 그의 모든 죄가 용서되었음을 확인합니다. 형언되고 고백된 죄는 그 힘을 완전히 잃고 맙니다. 죄가 죄로 드러나 판단된 것입니다. 죄 된 죄는 더 이상 공동체를 갈기갈기 찢지 못합니다. 이제 그리스도의 공동체는 죄를 고백함으로 더 이상 홀로 숨어 있지 않고 자신들의 악을 무장해제하여 하나님께 넘겨드린 형제들 저마다의 죄를 짊어지게 되었습니다. 죄인이 그 짊어진 죄의 무게를 내려놓게 되었습니다. 그제야 이 죄인은 비로소 예수 그리스도가 달린 십자가에서 드러내신 하나님의 은혜로 말미암아 사는 죄인들의 공동체에 속하게 되었습니다. 즉, 죄인 된 죄인이나 하나님의 은혜를 누리는 죄인이 된 것입니다. 자신의 죄를 시인할 수 있게 되었고, 또한 그렇게 함으로써 처음으로 참된 공동체를 얻게 되었습니다. 숨겨 놓은 죄는 죄인을 공동체로부터 분리시켰고, 자신이 속한 듯 보이는 공동체를 더럽혔습니다. 하지만 죄로 선언된 죄는 죄인으로 하여금 예수 그리스도 안에 있는 다른 믿는 자들이 이루고 있는 참된 공동체에 이르도록 도와주었습니다.

이러한 죄와 고백 사이의 상관 관계를 염두에 두어, 두 사람의 그리스도인 사이에서 이루어지는 일대일 고백에 대해 밀착해서 다루도록 하겠습니다. 전체 회중 앞에서 이루어지는 죄 고백을 통해서 공동체의 모든 사람들이 하나 같이 그 고백자를 공동체로 다시 받아들일 것을 기대하는 것은 무리입니다. 우리의 죄 고백을 듣고 용서를 선언해 주는 한 사람의 '너'를 통해 '나'는 전체 회중과 만나게 됩니다. '나와 너'가 이루는 두 사람의 공동체 안으로 온 회중이 이루는 전체 공동체를 받게 되는 것입니다. 누구의 요구와 권위로 두 당사자 간에 이런 일을 벌이는가 하는 점이 중요한 게 아니라, 전체 회중에게 명하신 예수 그리스도의 명령을 수행하고 있다는 점이 중요합니다. 상대방은 다만 그리스도를 대신하여 그의 명령을 수행하는 것뿐입니다. 서로에 대한 죄 고백이 이루어지는 공동체에 속해 있는 한, 그 누구도 어디에 있든지 홀로 내버려져 있지 않습니다.

죄 고백과 함께 십자가에 이르는 길이 열립니다. 일만 악의 뿌리는 교만입니다. 우리는 제멋대로 하고 싶어 합니다. 그런 우리는 자신에 대한 주권主權, 즉 증오와 애착 그리고 삶과 죽음에 대한 권리를 스스로에게 요구합니다. 인간의 정신과 육체는 교만으로 절여져 있습니다. 그렇게 악한 꾀에 빠져 스스로 하나님과 같이 되려 합니다. 다른 믿는 사람 앞에서 자신의 죄를 고백하는 것은 더할 나위 없는 수치입니다. 마음이 상하고, 스스로 초라해지는 일이기도 합니다. 자존심에 씻기 힘든 큰 상처를 입기도 합니다. 또한, 다른 사람 앞에 죄인으로 서는 것은 도저히 감당하기 힘든 수치입니다. 하지만, 저지른 죄를 다른 사람 앞에서 고백하는 순간 옛 자아는 고통스럽고 수치스런 죽음을 당합니다. 이런 부끄러움을 당하는 것이 너무도 힘들기에 우리는 어떻게 하면 다른 사람 앞에서 죄 고백을 피할 수 있을까 궁리하게 됩니다. 우리의 눈은 너무 어두침침해서 더 이상 죄를 고백할 때 당하는 수치 너머에 있는 약속과 영광을 보지 못합니다. 죄인이 당할 수치스런 죽음을 우리를 대신하여 당하신 이는 다름 아닌 예수 그리스도이십니다. 그는 행악자인 우리를 위해 십자가에 달리시기를 결코 부끄러워하지 않으셨습니다. 죄 고백과 함께 우리를 수치스런 죽음으로 데려가는 이는 다름 아닌 그리스도이고 또한 우리가 더불어 이루는 공동체입니다. 그리고 우리는 실로 그가 달렸던 십자가에 매어 달립니다. 예수 그리스도의 십자가가 모든 교만을 부서뜨립니다. 예수 그리스도께서 계실 법한 자리, 즉 죄인들이 공개적으로 죽는 자리에 가지 않는 이상, 그의 십자가를 발견할 수 없습니다. 고백과 함께 맞이하는 죄인의 수치스런 죽음을 피하려 발버둥치는 사람은 주님의 십자가를 짊어지기를 거부하는 사람입니다. 고백과 함께 예수 그리스도의 순전한 십자가의 공동체로 나아가는 길이 열립니다. 고백과 함께 우리의 십자가를 붙들게 됩니다. 다른 믿는 사람 앞에서, 즉 하나님 앞에서 수치심으로 인해 영과 몸이 다 떨리는 격한 고통을 느낄 때 우리의 구원인 예수의 십자가를 경험합니다. 옛 사람이 죽었으니, 하나님이 싸움에서 승리하신 것입니다. 이제 우리는 비로소 예수 그리스도의 부활과 영생에 참여하게 됩니다.

죄 고백과 함께 새로운 삶으로 나아가는 길이 열립니다. 과거와의 단절은 죄가 미워지고 고백되고 용서 받을 때 이루어집니다. "옛것은 지나갔습니다" 그리고 죄와 끊어진 자리에 돌아섬이 있습니다. 죄를 고백한다는 것은 '돌아선다'는 뜻입니다. "보십시오. 새것이 됐습니다" ^(고후 5:17). 그리스도께서 우리로 새로운 시작을 가능케 하셨습니다. 예수님의 첫 제자들이 모든 것을 버리고 그의 부름을 좇았듯이, 고백과 함께 그리스도인은 모든 것을 버리고 예수님의 부름을 좇습니다. 죄를 고백한다는 것은 '뒤따르다'는 뜻입니다. 예수 그리스도와 믿음의 공동체와 더불어 사는 삶이 시작되었다는 뜻입니다. "자기의 죄를 숨기는 자는 형통치 못하나 죄를 자복하고 버리는 자는 불쌍히 여김을 받으리라" ^(잠 28:13) 죄 고백과 함께 그리스도인들은 자신의 죄와 절교합니다. 죄의 권세가 깨어진 것입니다. 이제부터 그리스도인은 차례대로 승리를 맛보기 시작합니다. 세례와 함께 우리에게 일어났던 일이 고백과 함께 새롭게 일어납니다. 즉, 흑암으로부터 건져져 예수 그리스도의 다스림 아래 놓이게 됩니다. 기쁜 소식입니다. 죄를 고백한다는 것은 세례와 함께 맛본 기쁨을 '다시 새롭게 맛본다'는 뜻입니다. "밤새 울었더라도 아침이면 기쁨이 찾아옵니다" ^(시 30:5).

고백과 함께 확신으로 나아가는 길이 열립니다. 왜 대

개의 경우 다른 믿는 사람 앞에서 보다 하나님 앞에서 우리의 죄를 시인하는 것이 더 편하게 느껴지는 것일까요? 하나님이란 분은 거룩하셔서 죄가 없으신 분이시요, 악을 악으로 심판하시는 분이시요, 또한 모든 불순종의 원수 되신 분입니다. 반면, 다른 믿는 사람들은 우리 자신과 같이 은밀한 죄가 판치는 암흑천지를 친히 경험해 보아 알고 있는 죄인입니다. 그렇다면 거룩하신 하나님보다는 같은 죄인 된 자에게 찾아가는 것이 더 편하게 느껴져야 정상이 아닌가요? 그렇지 않다면, 그동안 하나님 앞에서 자신의 죄를 고백해 왔노라고 자신을 속여 온 것은 아닌지, 그러니까 하나님 대신에 자신에게 죄를 고백하고 자기 자신이 그 죄를 용서해 온 것은 아닌지 자문해 봐야 합니다. 그동안 '순종'의 몸이 그렇게 허약해져 수도 없이 '죄' 병이 재발됐던 정확한 진단 원인이 결국 하나님께서 내리시는 참된 용서를 받은 게 아니라 자신이 내린 자기 용서를 받아왔기 때문이 아닐까요? 자기 용서를 가지고는 결코 죄와 자신을 단절시킬 수 없습니다. 오직 심판하시고 용서하시는 하나님의 말씀만이 우리를 죄와 단절시킵니다. 죄를 고백하고 용서받는 과정을 혼자 이루지 않고 하나님과 함께 이루고 있다는 확신을 과연 누가 줄 수 있습니까? 하나님이십니다. 하나님께서 서로 서로를 통해 이 확신을 우리에게 주십니다. 다른 믿음의 형제와 자매들이 우리를 매어 놓은 자기 최면催眠의 굴레를 끊어 줍니다. 다른 그리스도인 앞에서 자신의 죄를 고백하는 사람은 더 이상 홀로 내버려져 있지 않습니다. 다른 이와의 만남 속에서 하나님의 임재를 경험합니다. 자신에게 홀로 죄를 고백하는 한, 우리는 여전히 어둠 속에 머물러 있게 됩니다. 하지만 다른 그리스도인과 함께 얼굴을 맞대고 죄를 고백하는 순간 죄는 빛 앞에 드러나게 되어 있습니다. 죄는 언젠가는 결국 빛 앞에 드러나기 마련이기에, 그 '언젠가'가 다른 이와 마주하고 있는 오늘이 되는 것이 마지막 심판 때 대낮같이 환한 빛 앞에 서는 마지막 날이 되는 것보다 나을 것입니다. 죄를 서로에게 고백할 수 있다는 사실 자체가 하나님의 은혜입니다. 그 은혜가 마지막 심판에 대한 두렵고 떨림으로부터 우리를 안심시켜 주기 때문입니다. 죄 고백을 들어 줄 사람을 우리에게 허락하심으로 우리는 그를 통해 하나님의 심판과 은혜의 실체를 지금 이 자리에서 확신하게 될 것입니다. 자신의 죄를 다른 사람에게 드러냄으로 자기 최면의 굴레로부터 풀려나듯이, 또한 다른 이의 입술을 통해 마치 하나님 자신께서 선언하시듯이 하나님의 이름으로 용서가 선언될 때에만 우리 마음은 마지막 날에도 용서 받으리라는 약속에 대한 확신으로 가득 차게 됩니다. 다른 사람 앞에서 이루어진 죄 고백은 당신의 용서를 확인시켜 주시려고 하나님께서 주신 방편입니다.

그런데 다른 사람 앞에서 죄를 고백함으로써 무엇보다도 자신이 지은 죄를 낱낱이 구체적으로 시인했는지 확인하게 됩니다. 사람들은 대개 자신의 죄를 대략 얼버무려 시인하면서 여전히 자신을 정당화하려 합니다. 제 자신의 경우에, 저의 죄를 하나하나 들추어 볼 때마다 인간의 본성은 완전히 썩어 문드러져 소생蘇生의 가능성이 전혀 없음을 실감하곤 합니다. 스스로를 십계명에 비추어 점검해 보는 것이 죄를 고백하기 전에 반드시 거쳐야 할 준비 단계일 것입니다. 그렇게 하지 않으면 다른 형제에게 고백하면서도 여전히 가면을 쓰게 되고, 그러면 하나님이 주시는 위로와는 점점 멀어지게 됩니다. 예수님은 세금 징수원과 매춘부같이 죄 명목이 분명한 사람들과 어울리셨습니다. 그들은 왜 용서가 필요한지 알고 있는 사람들이었고, 그들이 범한 적나라한 죄에 대한 용서 또한 받았습니다. 예수님이 눈먼 사람인 바디매오에게 물으셨습니다. "내가 무엇을 네게 해 주기 원하느냐?"(막 10:51) 죄를 고백하기 전 우리는 이 질문에 대한 대답을 분명하게 가지고 있어야 합니다. 죄를 고백하는 순간 우리의 특정 죄가 빛 앞에 드러나면서 또한 용서를 받습니다. 그리고 이 특정 죄의 고백과 함께 다른 모든 죄, 의도적으로 지은 죄와 무의식중에 지은 죄에 대해 모두 용서를 받습니다.

지금까지 다루어 온 것들이 결국 죄를 서로 고백하는 것은 반드시 지켜야 할 하나님의 법이라는 이야기를 하려는 것인가요? 그렇지 않습니다. 죄 고백은 법이라고 하기 보다는, 죄인들을 도우시고자 하나님께서 내미시는 도움의 손길입니다. 어떤 사람은 다른 상대 앞에서 죄를 고백하지 않고도 하나님의 은혜를 입어, 용서의 확신과 새 삶과 십자가와 공동체 앞으로 나아가는 길이 열리는 것을 경험하는 사람이 있을 것입니다. 어떤 사람은 자기 죄를 자신에게 고백하고 또 스스로에게 죄사함을 내리고 있지 않은지에 대해 단 한 번도 의문을 던질 필요조차 없었던 사람도 있을 것입니다. 즉 하나님의 존전 앞에서 홀로 자신의 죄를 고백함으로 이 모든 약속들을 받은 것입니다. 하지만 지금까지 우리는 그렇지 못한 사람들을 염두에 두고 이야기 한 것이었습니다. 루터 선생님은 서로 앞에서 죄를 고백하지 않는 그리스도인의 삶은 상상조차 할 수 없다고 믿던 사람들 중에 한 분이셨습니다. 《대요리 문답》에서 선생님은 이렇게 이르셨습니다. "그러므로 제가 여러분께 서로에게 찾아가서 죄를 고백하라고 독려할 때는 곧 그리스도인이 되라고 독려하는 것입니다"(제32항). 서로 앞에서 이루어지는 죄 고백과 함께 우리에게 찾아오는 하나님의 도움의 손길은 아무리 찾으려 몸부림쳐봐도 공동체와 십자가와 새 삶과 확신으로부터 흘러나오는 더 없이 복된 기쁨을 찾지 못하는 사람들에게 미쳐져야 합니다. 죄 고백은 그리스도인이 누리는 자유의 영역으로 들어가는 경계선입니다. 그렇다면 그 누가 손해 보기로 작정하지 않는 이상, 하나님께서 기꺼이 내미시는 도움의 손길을 거절할 수 있겠습니까?

그렇다면 누구에게 우리의 죄를 고백해야 할까요? 그리스도인이라면 누구나 서로의 죄 고백을 들을 수 있다고 예수님은 약속하셨습니다. 그런데 다른 이들이 우리 자신을 이해할 수 있을까요? 다른 형제나 자매들이 우리의 삶의 현실과는 너무도 동떨어진 곳에 있어서 우리의 개인적인 죄에 대해서 잘못 헤아려 우리를 외면하게 되지 않을까요? 누구든지 그리스도의 십자가 아래서 살아가며 모든 인간과 그들의 마음속에 들어찬 지독한 죄악을 십자가를 통해 헤아리는 사람은 어떤 죄를 접하게 되든 처음 보는 낯선 죄가 없음을 알고 있습니다. 누구든지 예수님을 십자가에 못 박은 자신의 죄의 참상을 목격하여 한 번이라도 벌벌 떨어본 경험이 있는 사람은 다른 이가 저지른 어떤 심각한 죄의 참상 앞에서도 벌벌 떨지 않을 것입니다. 인간의 마음에 무엇이 있는지 예수님의 십자가를 통해 이미 알고 있으니까요. 그런 사람은 인간의 마음이 어떻게 죄악 속으로 완전히 실종되고 말았는지, 어떻게 죄의 길로 빠져들어 갔는지 알고 있습니다. 또한 하나님의 은혜와 긍휼로 되찾은 마음이 다른 잃어버린 마음이 아님을 알고 있습니다. 십자가 아래 거하는 사람만이 '너'의 죄 고백을 들을 수 있습니다. 삶의 체험이 아닌 십자가의 체험이 있기에 다른 이의 죄 고백을 들을 수 있는 것입니다. 제아무리 용한 관상가觀相家라 해도 사람 마음속에 들어찬 것이 무엇인지 아는 지식에 있어서는 십자가 아래에서 사는 가장 무식한 그리스도인에 비하면 턱없이 모자랍니다. 그 어떤 위대한 정신분석학적 통찰력이나 연구능력 그리고 자료도 한 가지에 대해서만큼은 답할 수 없습니다. '죄란 무엇인가?' 인간의 필요와 약점과 실패는 심리학적 분석으로 꿰뚫어 볼 수 있습니다. 그러나 하나님을 잊고 사는 인간의 모습마저 꿰뚫어 볼 수 없습니다. 따라서 인간은 자기 죄로 말미암아 망가졌고, 그렇기에 오직 용서를 통해서만 치유될 수 있음도 알지 못합니다. 그리스도에게 속한 자들만이 이 비밀을 알고 있습니다. 정신과 의사 앞에서는 환자가 될 뿐이지만, 그리스도에게 속한 서로 앞에서는 죄인이 될 수 있습니다. 정신과 의사는 먼저 우리의 정신세계를 분석할 테지만, 결코 거기 가장 깊은 안쪽에 움푹 들어간 그림자진 부분이 무엇인지 밝혀내지 못할 것입니다. 고백을 듣는 그리스도인은 이렇게 반응할 것입니다. "저기 나와 같은 죄인이 오는구나. 자기 죄를 고백하여 하나님의 용서를 바라는 저 하나님을 저 버린 자가…" 정신과 의사는 하나님이 계시지 않음을 전제하고 사람을 대합니다. 그리스도인은 예수 그리스도의 십자가를 통해 심판하시고 긍휼을 베푸시는 하나님 앞에 서 있는 자로 사람을 대합니다. 우리가 서로의 죄 고백을 듣는 것에 있어 너무 서툴고 어찌할 바를 모른다면, 그것은 심리학적인 지식이 부족해서가 아니라 십자가에 매어 달리신 예수 그리스도에 대한 사랑이 부족하기 때문입니다. 만약 그리스도인들이 매일의 삶 속에서 그리스도의 십자가를 진지하게 고민한다면, 상대방에 대한 지나친 무관심의 영뿐 아니라 지나친 관심과 판단의 영 또한 사라지고, 대신에 하늘로부터 오는 변함없는 사랑의 영을 받게 될 것입니다. 하나님 앞에서 죄인이 죽고 또한 은혜로 말미암아 다시 살아나는 역사가 그들에게는 날마다 일어나는 실제가 됩니다. 그러므로 참된 그리스도인들은 하나님의 긍휼 넘치시는 사랑으로 서로 사랑하여, 죄인들로 죽음을 거쳐 하나님의 자녀의 생명에 이르도록 인도하는 사람들입니다. 누가 죄 고백을 들을 수 있습니까? 그 자신이 십자가 아래서 살아가고 있는 사람입니다. 십자가 위에 못 박히신 이의 말씀이 실체화되는 자리마다, 거기에 서로를 향한 죄 고백이 발견됩니다.

서로 앞에서 죄 고백을 실천하는 그리스도의 공동체마다 두 가지 위험에 대해 항상 경계해야 합니다. 첫째 위험은 죄 고백으로 듣는 사람에게 해당됩니다. 특정한 사람이 모든 사람들의 죄 고백을 다 듣는 것은 좋은 생각이 아닙니다. 그렇게 되면 이 사람은 금방 지치고 말 것입니다. 그러다 죄 고백이 공허한 소리로 울리게 되면서 마침내 죄 고백으로 상대방을 좌지우지하기 위한 무기로 잘못 사용할 수 있습니다. 다른 누군가에게 자신의 죄를 고백하지 않는 사람은 다른 사람의 죄 고백을 듣지 않도록 조심해야 합니다. 그래서 다른 사람이 고백한 죄를 무기로 사용하는, 죄 고백에서 발생할 수 있는 가장 끔찍한 폐단을 피해야 합니다. 자신의 죄를 상대에게 고백함으로 스스로 낮아진 사람만이 다른 사람의 죄 고백을 듣고도 그를 해치지 않을 수 있습니다. 둘째 위험은 죄 고백을 하는 사람에게 해당됩니다. 고백하는 사람은 자기 영혼의 유익을 위하여 쌓는 경건의 수련을 위한 수단으로 고백을 사용되지 않도록 유의해야 합니다. 개인 경건의 수련을 위해 죄를 고백하는 것은 그야말로 가장 추악하고 가증스럽고 불경스럽고 천박한 방법으로 자기 마음을 배신하는 행위입니다. 그렇게 되면 죄 고백은 그저 입술과 귀를 즐겁게 하는 지껄임에 지나지 않습니다. 경건의 수련을 위해 죄를 고백한다는 생각 자체가 악마의 간교奸巧입니다. 우리는 오직 하나님께서 내미시는 은혜와 도움과 용서의 손에 이끌려서만 깊은 고백의 심연深淵으로 들어갈 수 있습니다. 자기 수련을 위해 죄를 고백하면 영적 죽음에 이르게 됩니다. 하나님의 약속에 대한 반응으로 죄를 고백해야 생명에 이릅니다.

죄에 대한 용서만이 우리가 죄를 고백하는 근거^{출발점}이자 또한 목적^{도착점}입니다.

물론 죄 고백이 예수 그리스도의 이름으로 이루어지는 행위이기에 다른 어떤 부수적인 도움이 필요하지 않기 때문에 필요가 있을 때마다 언제든지 공동체 안에서 이루어질 수 있습니다. 그럼에도 죄 고백은 특별히 다른 형제와 자매들과 더불어 그리스도 공동체가 베푸는 성만찬에 참여하기 위한 준비 과정으로써 의미가 있습니다.[34]

하나님과 동료 인간들과 더불어 화평케 된 그리스도인들은 예수 그리스도의 살과 피를 받아먹기를 소원합니다. 다른 그리스도인 형제와 화해하지 않은 상태로 제단에 나오지 말도록 그리스도께서 명하셨습니다 (마 5:23-24).

---

[34] 성례식 역사에서 죄 고백과 성만찬의 직접적인 개연성은 중세 교회 시대로 거슬러 올라간다. 1215년에 열린 제4차 래터런 공회The Lateran Council 이전 까지 성만찬의 빵과 포도주를 실제 그리스도의 살과 피로 문자적으로 받아들일지, 영적 혹은 상징적으로 받아들일지는 각 개인의 믿음과 신앙적 양심에 따른 선택의 문제였다. 그러나 이 공회 이후로 가톨릭교회는 문자적 해석을 받아들여 성찬 예식을 미사 직전의 일부로 공례화 하였다. 따라서 이 엄중한 예식에 참여하기 전 성직자 앞에서 죄를 고백하고 용서함 받는 고해성사 역시 공례화 되었다.

만약 예수님의 이 명령이 우리가 드리는 모든 예배와 기도에 엄격하게 적용된다면, 성찬을 받으러 나올 때는 어느 때보다 더 엄격하게 적용되어야 할 것입니다. 그렇게 된다면 성만찬이 열리기 전날은 자신이 저지른 잘못에 대해 용서를 구하기 위해 서로를 찾아다니는 광경이 연출될 것입니다. 서로에게 찾아가는 이 길을 가지 않는 사람은 정성껏 차려진 주님의 만찬에 참여하지 못하는 것입니다. 모든 이들이 성찬예식에 임하는 하나님의 은혜를 더불어 받아먹기 원한다면, 그 전에 먼저 그들 사이에 남아있는 모든 분노와 분쟁과 시기와 악의 섞인 뒷이야기, 그리고 모든 해코지들을 제하여 버려야만 할 것입니다. 하지만 서로를 향한 사과는 여전히 죄 고백의 수준에 미치지 못합니다. 예수님이 단호하게 명하고 계신 것은 죄의 고백이지 사과가 아닙니다. 한편 성만찬을 준비하면서 각 사람들은 저마다 자신들을 두렵고 괴롭게 만드는 하나님만이 아시는 특정한 죄가 용서 받았는지 확인하고 싶은 바람을 가지게 됩니다. 서로에게 찾아가 죄를 고백하고 용서함으로 이 바람이 성취되었음이 선포됩니다. 죄에 대한 염려와 근심이 깊어지고 용서에 대한 확신을 바라는 각자의 처소마다 죄를 고백하러 오라는 초청이 예수님의 이름으로 전해집니다. 신성모독으로 예수님을 고발한 죄목은 바로 그가 죄인들을 용서했다는 것이었습니다 (마 9:3; 막 2:7; 눅 5:21). 죄인들에 대한 용서가 바로 지금도 살아계신 예수 그리스도의 권세로 그의 공동체 가운데 일어나고 있습니다. 그렇기에 한 사람의 그리스도인이 예수 그리스도와 삼위일체 하나님의 이름으로 다른 사람의 모든 죄를 용서합니다. 그리고 하나님께 돌아오는 죄인으로 인해 하늘에 있는 천사들 가운데 기쁨이 넘칩니다 (눅 15:7). 그렇기에 성만찬을 앞두고 준비하는 시간은 서로 간의 권면과 위로와 함께 기도와 탄식과 기쁨이 뒤섞이는 시간일 것입니다.

성만찬이 열리는 날은 그리스도의 공동체에 기쁜 잔칫날입니다.[35] 하나님과 서로 더불어 화해한 마음을 가지고 나온 믿음의 공동체는 예수 그리스도의 살과 핏속에 용서와 새 삶과 구원을 선물로 받습니다. 하나님과 형제들과 더불어 이루는 새로운 공동체를 선물로 받습니다.

그리스도의 공동체의 완성이 바로 주님의 거룩한 성만찬 공동체 속에서 이루어집니다. 성만찬 공동체에 속한 모든 사람들이 오늘 주님의 식탁에 더불어 앉아 그의 살과 피로 하나 되듯이, 영원에서도 더불어 하나일 것입니다.

여기 이 주님의 식탁에서 공동체가 그 목적을 이룹니다. 여기 이 주님의 식탁에서 그리스도와 그의 공동체 안에 놓아두신 기쁨에 끝이 없습니다. 말씀 아래 더불어 사는 그리스도인들의 삶이 성찬예식에서 완성됩니다.

---

35 초대교회의 저스틴St. Justin of Caesarea에 의하면 성찬식은 크게 두 부분으로 이루어져 진행되었다고 한다. 첫째 부분은 성경과 관련되어, 성경 연속 읽기와 시편 기도가 어우러져 하나님께서 예수 그리스도 안에서 하신 일들을 회상하도록 구성되었다. 둘째 부분은 성경을 놓았던 자리에 빵과 포도주를 대신해 놓고 치루는 성만찬 의식이었다.(로버트 윌킨Robert Louis Wilken의《The Spirit of Early Christian Thought》29~31쪽 참조, 예일대학출판부).

성경의 기도서

시편을 묵상함

디트리히 본회퍼

Prayerbook of the Bible

"오직 여호와의 율법을 즐거워하여
그 율법을 주야로 묵상하는 자로다"
_시 1:2

시편

'수금을 치며 부르는 노래'라는 뜻이며
히브리어 원문의 명칭은 '시(詩)들의 책'이란 뜻이다.

구성

제1권 : 1-41편   제2권 : 42-72편   제3권 : 73-89편
제4권 : 90-106편   제5권 : 107-150편

시편의 유형상 분류

신앙 공동체의 시, 개인적인 신앙 고백의 시, 찬양의 시,
왕의 시(Royal Psalm) 등 네 가지 유형으로 구성되어 있다.

1. 신앙 공동체의 시

하나님 백성 전체가 그 주체가 되는 시이다. 주어가 복수로 나타난다.
공동체의 애가(哀歌)와 공동체의 감사시로 다시 나눌 수 있다.

2. 개인적인 신앙 고백의 시

대부분의 시들이 이 유형에 속한다.
신앙 공동체의 시와 같이 애가와 감사시로 나뉜다.

3. 찬양의 시

찬미의 대상에 따라서 분류된다.
1) 창조주 하나님의 위대하심을 찬양하는 시
2) 시온의 아름다움을 찬미하는 시
3) 구속의 역사를 찬미하는 시
4) 하나님의 왕국을 찬미하는 시
5) 하나님의 율법을 찬미하는 시
6) 이러한 것들이 혼합되어 있는 시

4. 왕의 시

왕의 시(메시야 시)는 물론 직접적으로는 왕에 대한 찬양이지만,
여호와의 기름부음을 받았다는 데에 찬양의 의미를 부여하므로,
결국 이러한 시들은 메시야를 내다보는 예언적 성격을 지니게 된다.

5. 그 밖의 시

이상의 네 가지 구분 이외에도 지혜시라고 부를 수 있는 것들이 있다.

Prayerbook of the Bible

차 례

1장

들어가며

"주여 우리에게 기도를 가르쳐 주십시오" (눅 11:1)

제자들이 예수님께 간청했습니다. 스스로 기도할 수 없음을 인정한 것입니다. '기도를 배운다'는 말은 앞과 뒤가 맞지 않는 소리처럼 들립니다. 속마음이 뜨거워지면서 터져 나오는 것이 기도인데 이를 배워서 한다니 말입니다. 그런데 마음으로 기도할 수 있다고 믿는 오늘날 그리스도인들 사이에 만연해 있는 생각 자체가 도리어 앞과 뒤가 맞지 않습니다. 바라고, 소망하고, 탄식하고, 애통해 하고, 기뻐하는 것과 같이 우리 속마음에서 일어나는 감정의 상태들을 기도와 혼동하고 있는 것입니다. 더 나아가 하늘과 땅을 혼동하고, 하나님과 인간을 혼동하고 있는 것입니다. 결단코 기도는 우리 마음에 있는 것을 쏟아놓는 행위가 아닙니다. 기도는 도리어 그 마음이 차 있든지 비어 있든지 하나님께 이르러 그분과 갖는 사귐입니다. 그러므로 혼자 할 수 있는 것이 아닙니다. 그리스도의 도움이 필요합니다.

제자들은 기도하길 원했으나 어찌 해야 할 바를 알지 못했습니다. 하나님과 대화하고 싶은데 그 방법을 모를 때 실로 고통스럽습니다. 그분 앞에 울부짖고 싶은 간절한 말들은 우리 속사람 안에 갇혀 침묵하게 되고, 도리어 하나님이 듣고 싶어 하지 않으실 말들이 우리의 가슴으로부터 입을 통해 쏟아져 나올 때 실로 답답하기 그지없습니다. 그럴 때 우리는 기도의 비밀을 깨닫고 있는 주위 분들에게 도움을 구할 수 있습니다. 그런 분들의 인도를 따라 기도하기만 해도, 그들이 읊조리는 기도를 이어 읊조리기만 해도 기도의 입술이 열리곤 합니다. 기도에 훈련된 그리스도인들로부터 상당한 도움을 받을 수 있는 것은 분명 사실이지만 그분들 또한 오직 한 분의 도움을 통해 그렇게 기도할 수 있는 것이며, 그들이 정말 기도 학교의 선생님들이라면 학생들에게 자신이 아닌 오직 한 분을 가리킬 것입니다. 그 한 분은 예수 그리스도입니다. 만약 그리스도께서 우리의 기도를 인도해 주신다면, 그분의 읊조림을 뒤따라 우리도 읊조린다면, 그분이 가시는 길을 따라 하나님께 이른다면, 그분이 가르쳐 주신 언어로 하나님과 사귄다면 우리는 기도하지 못하는 고통과 답답함으로부터 자유롭게 될 것입니다. 그렇습니다. 주님은 우리와 함께 기도하길 원하십니다. 우리가 그리스도의 기도에 함께 동참할 때, 또한 하나님 아버지께서 들으신다는 확신과 평안 속에 거할 수 있습니다. 우리의 뜻과 마음이 그리스도의 기도 속에 녹아들 때, 우리는 비로소 참된 기도를 올리는 것입니다. 우리를 그 음성으로 인도하시는 유일한 한 분이신 그리스도 안에서 우리는 참되게 기도할 수 있습니다.

그렇기에 우리는 기도를 배워야 합니다. 아버지가 자녀에게 먼저 말을 건네기에 그 자녀는 말하는 법을 배우게 됩니다. 바로 아버지의 언어를 익히는 것입니다. 하나님 아버지께서 우리에게 앞서 말씀하셨고, 또 지금도 계속 말씀하고 계시기에, 뒤이어 이번엔 우리가 그에게 말하는 법을 배울 차례입니다. 하나님의 자녀들은 하늘에 계신 아버지의 언어로 그와 사귀는 법을 배웁니다. 아버지가 한 말을 읊조려 따라하면서 우리는 비로소 하나님께 기도하기 시작합니다. 하나님 아버지께 기도할 때 우리 속에서 나오는 정체불명의 언어로 말할 것이 아니라 하나님께서 예수 그리스도 안에서 우리에게 먼저 말씀하신 그 신령하고 순결한 언어로 말해야 합니다. 그러면 하나님께서 기뻐하며 들으실 것입니다.

예수 그리스도 안에 있는 하나님의 말씀은 우리를 성경에서 만나 주십니다. 확신과 기쁨 속에 기도하려면 성경에 기록된 말씀이 우리 기도의 견고한 반석이 되어야 합니다. 하나님의 말씀 되신 예수 그리스도께서 성경에서 우리로 이렇게 기도하라고 가르치고 계시기 때문입니다. 하나님께로부터 내려온 말씀들이 또한 그에게로 이르는 한 계단 한 계단이 됩니다.

Prayerbook of the Bible
시편을 묵상함

하나님의 말씀을 기록한 성경에 엮어진 다른 책들과
다르게 오직 기도로만 채워져 있는 책 한 권이 있습니다.
바로 구약 시편입니다.*

먼저는 성경에 기도서가 있다는 사실 자체가 무척 흥
미롭습니다. 분명히 성경은 우리에게 주신 하나님의 말
씀입니다. 그렇지만 기도는 인간의 말입니다. 그렇다면
어떻게 하나님의 말씀과 인간의 말이 성경에 더불어 실

---

* 휜켄발데 신학교의 학장이자 목사로서 신학생들을 세상에서 하나님의 말씀
의 증인들로 준비시키려 한 본회퍼에게 시편은 신학교 교육에 대한 마르지 않
는 영감의 샘이었다. 본회퍼는 시편을 가지고 기도하기를 무척 사랑했다고 한
다. 시편에서 인류의 십자가를 지고 인생 여정을 걸어가시며 하나님 아버지께
기도한 그리스도의 목소리를 들을 수 있었기 때문이었다. 그리고 시편과 함께
기도하며 십자가의 길을 뒤따르는 제자의 삶을 살려했던 것이다.
1945년 4월 9일, 본회퍼의 교수형 현장에 참관했던 플로센부르크 포로수용소
담당 의사는 기도의 호흡과 함께 멎은 그의 생애 마지막 순간을 이렇게 증언
했다. "본회퍼가 죄수복을 벗기 전에 무릎을 꿇고 열정적으로 기도하는 모습을
보았다. 이 비범하고 따뜻한 청년의 기도하는 모습에 더 없이 깊은 감동을 받
았다. 너무도 단호하고 확신에 찬 모습에 하나님께서 그의 기도를 분명히 들으
셨을 것만 같았다. 교수대에 오르기 전 그는 다시 한 번 짧게 기도했다. 그리고
몇 걸음을 옮겨 대담하고 흐트러짐 없는 모습으로 교수대 위로 올라섰다. 몇
초 후에 사형 집행이 이루어졌다. 내 오십 평생에 의사로 일하며, 그처럼 하나
님의 뜻에 전적으로 순종하며 죽은 이를 보지 못했다." (에버하르트 베츠게의
《Dietrich Bonhoeffer: A Biography》(2000), A. Fortress 출판사).

려 있단 말입니까? 분명하게 선을 긋는다면, 성경은 하나님의 말씀이기에 시편 또한 하나님의 말씀입니다. 그렇다면 하나님을 향해 올리는 인간의 기도가 하나님의 입에서 나오는 말씀이라는 뜻인가요? 언뜻 잘 이해가 안 갑니다. 하지만 예수 그리스도만이 참된 기도를 가르치시는 유일한 스승임을 인정하고, 그로부터 배우는 우리의 기도의 언어가 또한 사람들 가운데 함께 거하시는 하나님 아들의 언어이기에 영원 속에 거하시는 하나님 아버지에게 들려짐을 감안하면 비로소 이해하게 됩니다. 예수 그리스도는 인류의 모든 필요와 기쁨과 감사와 소망을 가지고 하나님 앞에 나아가십니다. 예수님의 입술을 통해 인간의 말이 하나님의 말씀이 됩니다. 우리가 그리스도의 기도를 따라 읊을 때 하나님의 말씀이 또한 인간의 말이 됩니다. 이렇게 성경에 기록된 모든 기도들은 예수 그리스도와 우리가 더불어 드리는 기도, 그리스도께서 우리를 품어 인도해 주시는 기도, 그리고 그리스도께서 우리를 하나님의 존전으로 데려가시는 그런 기도들입니다. 이런 기도 외에 우리에게 다른 기도가 없음은 오직 예수 그리스도 안에서만 그와 함께 참되게 기도할 수 있기 때문입니다.

따라서 성경에 기록된 기도, 특히 시편에 기록된 그런 기도를 드리고 싶다면 먼저는 그 기도들이 우리 자신과 과연 무슨 상관이 있는지를 질문할 것이 아니라, 도리어 그리스도와 무슨 상관이 있는지를 질문해 봐야 합니다. 시편을 어떻게 하나님의 말씀으로 이해할 것인가를 먼저 질문한 뒤에, 이 시편을 가지고 어떻게 예수 그리스도와 더불어 기도할 수 있을 것인가를 질문할 수 있습니다. 즉, 우리가 붙들고 기도하는 시편 말씀이 우리가 처한 상황을 얼마나 적절하게 대변해 주는지는 중요하지 않다는 말입니다. 아니, 우리 상황과 동떨어져 있는 그런 시편의 기도는 어쩌면 제대로 기도하기 위해서는 우리의 마음과 감정을 거슬러야 함을 가르쳐 주고 있는지도 모르겠습니다. 시편의 기도는 단지 우리 스스로가 꼭 필요하다고 생각하는 기도 제목만이 아니라, 또한 하나님께서 우리를 위해 기도하기 원하시는 기도 제목이기도 합니다. 만약 예수 그리스도가 아닌 우리 마음이 이끄는 대로 기도한다면, 주님이 가르쳐 주신 기도 중에서 넷째 간구만 닳아 없어질 때까지 할 것입니다("오늘 우리에게 꼭 필요한 양식을 내려 주시고", 마 6:11). 하지만 하나님은 그러길 바라지 않으십니다. 우리의 궁핍한 마음이 아닌 부요한 하나님의 말씀으로 우리의 기도를 이끌어야 합니다.

성경에 시편이라는 기도책이 실려 있기에, 이로부터 우리는 하나님께서 우리에게 주신 말씀만이 하나님의 말씀이 아니라, 그분이 우리에게서 듣고 싶어 하시는 말 또한 하나님의 말씀인 것을 배우게 됩니다. 왜냐하면 하나님께서 듣고 싶어 하시는 말은 그의 사랑하는 아들의 음성이기 때문입니다. 하나님께서 우리에게 어떻게 자신과 사귀어 공동체를 이룰지에 대해 알려주신 것은 놀라운 은혜입니다. 예수 그리스도의 이름으로 기도하기에 이것이 우리에게 가능합니다. 예수 그리스도의 이름으로 시편을 가지고 기도하는 법을 가르쳐 주시고자 하나님은 우리에게 꼭 필요한 시편들을 주셨습니다.

제자들의 요청을 받은 예수께서는 주기도문을 가르쳐 주셨습니다 (마 6:9-13; 눅 11:2-4). 주기도문 안에 우리의 모든 기도가 담겨 있습니다. 주기도문에서 간구하라고 가르쳐 주신 모든 간구할 대상들은 바람직하기 그지 없습니다. 그렇지 않은 기도는 애당초 기도가 아닙니다. 성경에 기록된 모든 기도들이 넓게 펼쳐진 주기도문의 자락 안에 담겨 모아져 있습니다. 주기도문은 시편 기도들 위에 얹어진 왕관이요, 각 실타래들을 하나로 묶어주는 매듭이기에, 각각의 시편은 주기도문을 위해 있어도 그만, 없어도 그만인 기도가 아니라, 오히려 이루 헤아릴 수 없이 풍성하게 만들어주는 기도입니다. 이 관계에 대해 루터 선생님은 이렇게 정리하셨습니다.

"시편은 주기도문 사이로 흐르고 주기도문은 시편 사이로 흘러, 이를 보아 저를 알게 되고 저를 보아 이를 알게 되니 감미로운 화음을 이루는구나."

즉, 주기도문은 우리가 우리 자신의 이름으로 기도하는지, 아니면 예수 그리스도의 이름으로 기도하는지를 가려내는 시금석입니다. 따라서 시편이 왜 그리도 자주 신약성서와 함께 더불어 엮어지는가에 대해 '아하!' 하고 무릎을 치게 됩니다. 시편은 예수 그리스도의 교회의 기도인 것입니다. 그렇기에 교회가 주님을 섬기듯, 시편의 기도는 주기도문을 섬깁니다.

2장

누가 시편에서 기도하고 있는가

총 150편의 시편 가운데 73편은 다윗 왕이, 12편은 다윗 왕의 임명을 받은 성가대장 아삽이, 12편은 다윗 왕을 섬기던 레위 지파 가운데 고라 후손들이, 2편은 솔로몬 왕이, 그리고 1편은 아마도 다윗 왕과 솔로몬 왕을 섬기던 궁중 음악가 헤만과 에단이 기자로 알려져 있습니다. 이를 미루어 보아 다윗의 이름이 어떤 식으로든 시편 전체에 걸쳐 연관되어 있음을 발견합니다.*

기록에 따르면, 왕이 된 자에게 붓는 기름을 비밀리에 받은 다윗은 하나님으로부터 버려져 악귀의 괴롭힘을 당하던 사울 왕을 위해 수금을 연주하도록 불려 올라갔다고 합니다. "하나님께서 보내신 악한 영이 사울에게 내리면 다윗은 하프를 가져와 연주했습니다. 그러면 악한 영이 떠나고 사울은 회복돼 기분이 나아졌습니다" (삼상 16:23). 아마 이 때가 다윗이 시편을 작사, 작곡하기 시작한 기원이 아닐까 싶습니다. 그에게 임하사 왕으로 앉혀 주신 하나님 성령의 힘을 입어 다윗은 노래로 악한 영을 내쫓았습니다. 그가 왕으로 인쳐지기 전에 부른 시편들은 우리에게 전해지지 않았습니다. 이스라엘의 선택받은 왕으로 소명을 받은 후 처음으로 그가 부른 기도의 노래들이 후대의 성경에 실리게 되었습니다. 예수 그리스도는 이 다윗 왕의 핏줄에서 왕으로 나오시기로 약속되었습니다.

성경은 하나님의 선택받은 백성들을 다스리도록 기름 부음 받은 왕 다윗이 예수 그리스도의 전형典型이라고 증

---

* 한 랍비의 구약성경 해석집《미드라쉬》에서는 시편에서 다윗 왕이 차지하는 위치에 대해 이렇게 해설을 달고 있다. "모세가 5권으로 이루어진 〈토라창세기~신명기〉를 이스라엘에게 주었다면, 다윗 왕은 5권으로 이루어진 시편을 이스라엘에게 주었다." (《The Jewish Study Bible》 (2004), 옥스퍼드대학 출판부, 1280~1284쪽 참조).

거하고 있습니다. 이 말은 다윗에게 일어난 일이 결국은 그의 몸에서 날 후손인 예수 그리스도를 위해 앞서 일어 났다는 뜻입니다. 다윗 왕 자신도 이에 대한 인식이 없지 않았습니다. 그래서 선지자된 자로서 "하나님께서 그에 게 맹세하셔서 그의 몸에서 날 자손을 세워 그의 보좌 위 에 앉히시리라는 것을 알고 미리 내다보면서 그리스도의 부활에 대해 말했습니다" (행 2:30-31). 다윗은 자신의 왕위 와 삶과 노래를 통해 앞으로 오실 그리스도를 증거하는 증인이었습니다. 신약성경은 이 보다 더한 말도 하고 있 습니다. 오시기로 약속된 그리스도께서 그의 선조 다윗 이 지은 시편에서 이미 말씀하고 계시다고 증거하고 있 습니다 (히 2:12; 10:5). 어떤 때는 말씀하시는 이는 성령님이 라고도 합니다 (히 3:7). 즉, 미래에 등장할 메시야가 다윗 을 통해 시편에서 기도했다는 해석입니다. 그리스도께 서 다윗과 함께 기도하셨습니다. 아니, 보다 정확히 말해 서 그의 직계 조상이었던 다윗의 입술을 통해 시편의 노 래들로 기도하신 이는 다름 아닌 그리스도였습니다.

비록 신약성서에 대한 단편적인 관찰이었지만 시편 전

체를 깊이 이해할 수 있는 빛을 비춰 줍니다. 시편을 통해 그리스도를 바라보게 합니다.*

그렇다면 이를 어떻게 구체적으로 이해하고 바라봐야 할 것인지 숙제로 남게 됩니다. 다윗이 그 마음에 주체 못할 감동에 사로잡혀 기도하지 않고, 그의 안에 거하시는 그리스도께서 주시는 기도로 기도했다는 점이 중요합니다. 다윗은 시편으로 기도하면서 분명 자아의식을 잃지 않았을 것입니다. 다만 그리스도께서 그의 안에 함께 거하셨습니다. 노년의 다윗이 전한 마지막 말들이 이를 넌지시 말해줍니다. "이새의 아들 다윗이 말했습니다.

---

* 기원 후 4세기 밀란Milan의 주교였던 성 앰브로즈St. Ambrose는 모든 성경의 말씀이 하나님께서 우리를 향해 불어 주시는 은혜의 숨결이지만 특히 시편은 더욱 그러하다며, 그 이유에 대해 이렇게 밝힌다. "성경의 역사서는 우리에게 교훈을 주며, 율법서는 우리를 가르치며, 선지서는 우리에게 예시하고, 징계의 말씀은 우리를 체벌하며, 지혜서는 우리를 설득한다. 하지만 시편은 이 모든 책들을 합친 그 이상이다." 성경의 여러 책 중에서 이렇게 독보적인 위치를 시편에 부여할 수 있는 근거로 성 앰브로즈는 예수 그리스도와 그의 전 생애를 지목하고 있다. "시편 속 예수님은 우리를 위해서 태어나기만 한 분이 아니다. 그는 구원을 위한 고난을 받아들이고 계시며, 죽으시고, 죽은 자들 가운데 살아나시며, 하늘에 오르시고, 하나님 아버지의 오른편에 앉기도 하신다. 시편 기자는 어느 선지자도 감히 입을 열어 말하지 못하고, 이후 복음서에서 주님께서 친히 말씀하신 것들을 목소리 높여 전하고 있다."

Prayerbook of the Bible
시편을 묵상함

하나님께서 높여 주신 그 사람, 야곱의 하나님이 기름 부으신 그 사람, 이스라엘의 아름다운 노래를 부르는 사람의 말입니다. "여호와의 영이 나를 통해 말씀하셨다. 그분의 말씀이 내 혀에 있었다"(삼하 23:1-2). 그리고 앞으로 오실 공의로운 왕, 즉 예수 그리스도에 대한 예시豫示가 그 뒤를 이어 따릅니다(삼하 23:3-4).

이는 우리가 앞서 인정했던 바들을 다시금 확증시켜 줍니다. 다윗 왕이 모든 시편을 짓지 않은 것이 분명합니다. 그리고 신약성경 어디에도 시편 책 전체가 그리스도의 입술에서 나왔다고 명시하고 있지는 않습니다. 그렇지만 다윗 왕을 저자로 명시하고 있는 시편들이 전체 시편을 아우르고 있음을 그동안 수집한 단서들이 탄탄하게 밑받침해 주고 있습니다. 그리고 예수님은 시편이 두루 자신의 죽음과 부활, 그리고 복음 선포에 대해 알리고 있다고 친히 말씀하셨습니다(눅 24:44).

그렇다면 어떻게 기도하는 자와 예수 그리스도께서 시편에서 동시에 기도한단 말입니까? 시편에서 기도하시는 이는 육신을 입고 오셔서 그 안에 인간의 모든 연약함을 품으시고, 하나님 앞에 모든 인류의 마음을 쏟아 놓으시고, 또한 우리를 대신해서 우리를 위해 기도하시는 분인 하나님의 아들이십니다. 그는 우리가 알고 있는 것보다 더 깊이 인간의 고통과 고뇌, 그리고 죄와 죽음에 대해 통찰하고 계십니다. 그러므로 시편의 기도는 그리스도가 취하신 인성人性에서 나와 하나님 앞에 드려지는 기도입니다. 그렇기에 이 기도는 진실로 우리의 기도입니다. 그런데 하나님의 아들이 우리를 위해 친히 인간이 되셔서 우리가 우리 자신을 아는 것보다 우리에 대해서 더 잘 아시기에, 이 기도는 동시에 이 아들의 기도입니다. 기도는 그의 기도이기에 비로소 우리의 기도가 될 수 있습니다.

누가 시편에서 기도하고 있습니까? 다윗 왕이(그리고 그와 엮어진 솔로몬 왕과 아삽과 기타 인물들이) 기도하고 있습니다. 그리스도께서 기도하고 계십니다. 우리 자신도 기도합니다. 시편에서 기도하고 있는 '우리'라 함은 첫째로, 온 믿음의 공동체를 가리킵니다. 오직 이 공동체 안에서만 시편의 모든 부요함이 기도 속에 살아날

수 있습니다. 둘째로, '우리'라 함은 그리스도와 신도들의 모임에 속해서 그와 그의 몸이 드리는 기도에 더불어 동참하는 각 개인들을 가리킵니다. 다윗 왕과 그리스도와 신도들 그리고 '나'의 더불어 엮어짐… 우리가 이 엮어짐에 대해 서로서로와 되새김질하며 묵상해 볼 때마다 우리에게 기도하는 법을 가르치시고자 친히 앞서 걸어가고 계시는 하나님의 놀라운 축복의 길을 발견하게 될 것입니다.

3장
음악과 시행의 형태

시편의 히브리어 제목은 '찬송가'와 거의 같은 의미입니다.*

시편 72:20절은 앞서 등장한 시편을 가리켜 '다윗의 기도'라고 밝힙니다. 두 단어는 놀라움을 주면서도 고개를 끄덕이게 만듭니다. 첫눈에도 시편은 찬송이나 기도만을 독보적으로 담고 있지는 않아 보입니다. 그렇지만 잠언箴言이나 애가哀歌 역시 하나님의 영광을 찬양하고 있기 때문에 기본적으로 찬송으로 분류될 수 있습니다. 심

---

* 시편의 히브리어 원제는 '테힐림תהלים'으로 풀어 쓰면 '찬양의 노래들'이다.

지어 한 번도 하나님의 이름을 부르고 있지 않은 시편들, 예를 들어 1편, 2편, 그리고 78편도 우리를 하나님의 섭리와 뜻에 순복시키려 하기에 기도문으로 분류될 수 있습니다. 시편은 원래 악기로 연주되는 음악이었습니다. 그렇지만 이차적으로는 하나님께 노래로 드려진 기도문에 사용된 가사를 지칭하는 의미로도 사용되었습니다.

오늘날 우리에게 전해진 시편은 대부분 예배용 음악으로 지어졌습니다. 시편은 사람과 온갖 악기가 함께 어우러져 소리 내도록 구성되었습니다. 다시 말하지만 이 특정 양식의 전례음악典禮音樂의 기원은 다윗에게로 거슬러 올라갑니다. 그가 수금을 타자 악한 영들이 물러갔던 것처럼, 거룩하고 신령한 음악에는 그런 능력이 있어서 때로 '시편'이라는 말은 '선지자의 예언적인 선포'로 풀이되어 사용될 수도 있습니다 (대상 25:1-3). 시편 가운데 이해하기 어려운 여러 표제들이 사실은 성가 지휘자를 위한 지침사항이었습니다. 이와 마찬가지로 심심치 않게 등장하는 '셀라'라는 용어는 아마도 그 부분에 간주곡이 들어간다는 표시인 듯 싶습니다. " '셀라'는 노래 부르는 이로 하여금 조용히 그러나 재빠르게 시편의 가사들을 음미해 볼 것을 지시하는 기호였습니다. 시편을 노래하면서 성령님께서 가지라고 내미시는 것들을 붙잡아 소유하기 위해서는 영혼이 평정平靜에 이르러야 했기 때문입니다" 마틴 루터.

시편은 보통 양쪽이 번갈아 가며 주거니 받거니 하며 불렸을 것입니다. 특히 시편을 구성하는 시행詩行들은 이런 방식으로 노래 부르기에 적합한 형태를 취하고 있습니다. 시편의 각 행은 두 절節로 이루어져 있고, 각 절이 각기 다른 단어들을 사용하되 본질적으로 같은 의미를 전달하도록 짝지어져 있습니다. 소위 이런 시문학 장치를 일컬어 '대구법對句法'이라고 부릅니다. 이 형식은 이유 없이 고안된 것이 아니라 우리로 하여금 끊어짐 없이 기도의 끈을 더불어 엮어 가도록 고안된 것입니다. 서로서로 짝을 지어 주거니 받거니 하며 기도하도록 끌어들이기 위한 방안입니다. 서둘러서 급히 기도를 마치는데 익숙해진 우리에게는 이런 방식의 시행 배치가 불필요한 반복처럼 느껴지겠지만, 사실은 기도로의 참된 침잠

Prayerbook of the Bible
시편을 묵상함

沈潛이요 또한 응축凝縮입니다. 동시에 이 형식은 여러 믿
는 자들, 아니 모든 믿는 자들이 각자 자신의 말로 다르
게 기도하지만 결국 그리스도 한 분이 드리는 하나의 기
도임을 알려주는 표시입니다.

4장
예배와 시편

　많은 교회에서 주일마다, 혹은 날마다 정해진 순서를 따라서 시편을 읽고 노래합니다. 이렇게 하는 교회들은 그 속에 너무도 값비싼 보화를 간직하고 있는 교회입니다. 시편을 날마다 펼치는 사람만이 하나님이 주신 이 특별한 기도의 책 속으로 빠져들게 됩니다. 특별한 때에만 이따금씩 시편을 읽는 사람들에게 시편의 기도 속에 함유되어 있는 생각과 위력은 감당할 수 없이 부담스럽기만 합니다. 그래서 계속해서 부담이 덜한 가벼운 군것질만 찾게 됩니다. 하지만 시편을 가지고 매일매일 끈질기게 기도하기 시작하는 사람은 금세 부담감 없이 자신만을 위해 드리면서 '날마다 힘쓰지 않는 기도'를 내어 던지며 이렇게 읊조리게 될 것입니다.

"아, 너에게는 시편이 지닌 정의의 맛도 능력의 맛도 열정의 맛도 불의 맛도 없구나. 그저 차갑고 딱딱하게 굳어 도무지 아무 맛도 없구나" 마틴 루터.

참석하는 교회에서 더 이상 시편으로 기도하지 않는다면, 그만큼 더 매일 아침과 저녁예배 시간에 시편으로 기도해야 합니다. 날마다 여러 시편을 읽고 기도하되 가능하면 다른 사람들과 함께 더불어 하는 것이 좋습니다. 그렇게 한 해 동안 시편을 반복적으로 읽어 나가면서 날이 지나가고 달이 지나고 해가 지나면서 더 깊이 더 깊이 시편의 세계로 들어가는 것입니다.*

---

* 성서와 독자의 관계에 대해 초대 교황 그레고리 1세Gregory the Great, 540~604는 구약 에스겔서 제1장에 등장하는 바퀴와 생물의 관계에 빗대어 설교하였다. "성서는 그 독자와 함께 성장합니다. 성서에 대한 독자의 이해의 깊이가 깊어질수록, 더 깊이 더 깊이 성서 속으로 들어가게 됩니다. 생물이 땅에서 들리지 않는다면 바퀴도 땅에서 들리지 않을 것입니다… 하지만 생물이 고결한 삶을 향해 움직여 나아갈 때, 그리고 그 심장의 발자취를 뒤따라가며 선한 일을 배워 나갈 때, 비로소 그 바퀴도 그와 함께 움직일 것입니다. 성서에 대한 당신의 이해는 성서와의 대면을 통해 당신 자신이 성장하는 만큼 성장할 것입니다."

마치 무엇을 기도해야 할지에 대해 우리 자신이 하나님보다 더 잘 알고 있다는 듯 입맛에 따라 시편을 골라 읽으면서 성경에 남겨 주신 유일한 기도서書를 욕보여서는 안 되겠습니다. 초대교회 때는 이 '다윗이 지은 책'을 가슴으로 알고 있는 사람들이 흔했습니다. 어떤 동방 교회에서는 시편에 대한 지식을 성직자가 되기 위한 선결 조건으로 삼았습니다. 초대 교부敎父중 한 사람인 제롬 St. Jerome*은 그가 살던 때는 들판이나 뒤뜰 어디에서나 시편을 부르는 노래 소리가 들려왔다고 기술하고 있습니다. 초대교회 성도들의 삶은 시편으로 가득 채워졌습니다. 하지만 이보다 더 중요한 사실은 예수님께서 십자가 위에서 그 입술로 친히 시편 구절을 읊으시며 돌아가셨다는 사실입니다 (마 27:46, 시 22:2 ; 눅 23:46, 시 31:6).

시편이 땅 속에 묻힐 때마다 그리스도의 교회는 비할

---

* Jerome(347~420): 본명은 유세비우스 히에로니무스Eusebius Hieronymus로 초대 교회의 성서학자이다. 신학의 정립과 예전禮典을 위해 통일된 성경 본문의 필요성이 대두되던 초대교회의 부름을 받아 라틴어 성경 편찬에 방대하게 기여한다. 가장 대표적인 성경 번역으로 히브리어 원문을 라틴어로 번역한 '불가타Vulgatae 성경'이 있다.

바 없이 고귀한 보화 하나를 잃고 맙니다. 이 보화를 되찾을 때 교회는 기대하지 못한 능력을 얻게 될 것입니다.

5장
시편의 분류

  시편의 기도들을 다음과 같이 주제별로 분류해 보도록 하겠습니다. 바로 창조, 율법, 구원의 역사, 메시야, 교회, 삶, 고난, 죄, 원수, 그리고 마지막 때입니다. 이 하나하나의 주제들을 주기도문에서 나타난 간구의 종류에 따라 분류하여 배열해 보는데, 즉 어떻게 시편이 예수님이 가르쳐 주신 기도에 다 담겨져 있는지를 보여주는 것은 그다지 어려운 일이 아닙니다. 하지만 차례차례 관찰해 나가면서 도달할 결론으로 바로 뛰어들지 않기 위해서 시편을 주제에 따라 분류해 보는 계획을 그대로 가지고 가려 합니다.

1. 창조

성서는 하나님을 하늘과 땅의 창조자로 선포하고 있습니다. 여러 시편들이 창조주 하나님께 존귀와 찬송과 감사를 돌리라고 외치고 있습니다. 하지만 창조에 대해서만 노래하고 있는 시편은 단 한 편도 없습니다. 성경이 세상을 창조한 자로 시인하고 있는 말씀으로 자신을 '스스로 있는 자'로 자기 백성들에게 알리신 분은 언제나 하나님 자신이지 창조 자체가 아닙니다.*

하나님께서 우리에게 말씀하셨기에, 하나님의 이름을 우리에게 알려주셨기에 우리는 비로소 하나님을 창조자로 믿게 되었습니다. 그렇지 않았다면 우리는 하나님을 알 수 없었을 것입니다. 예수 그리스도 안에 드러난 하나님의 계시가 입증하는 대로, 창조는 하나님의 능력과 신실하심의 한 단상斷象입니다. 그렇기에 우리는 그리스도

---

* 본회퍼는 그리스도를 통해 드러난 특별 계시를 배제하고 창조를 통해 드러난 자연 계시만을 인정한 채, 이를 바탕으로 인종별 우성優性 지도를 작성하여 아리안 민족의 선민의식과 세계 지배를 정당화하려는 나치 신학을 염두해 두고 있다.

안에서 자신을 구속자로 드러내신 창조주 하나님을 예배합니다.

시편 8편은 하나님의 이름과 인간에게 베푸신 아름다운 행적을 하나님이 이루신 모든 일들 중에서 꽃으로 찬양하고 있습니다. 마치 창조 세계 자체만으로는 그 아름다움을 모두 다 표현할 수 없는 그 무언가를 찬양하고 있습니다. 19편에서는 별들이 다니는 행로를 바라보며 노래하던 시편 기자가 불현듯 아! 하는 탄성과 함께 하나님의 율법이 연출하는 무엇으로도 비교가 안 되는 장엄한 장관을 깊이 묵상하면서, "회개하라 내 영혼아" 하고 외치지 않고서는 눈앞에 펼쳐지는 밤하늘의 장관에 대해서 다 이야기할 수 없다고 합니다. 29편은 천둥을 치며 드러내시는 하나님의 무시무시한 위엄 앞에 우리는 떨며 놀라지만, 궁극적으로는 그 위엄이 당신의 백성들에게 능력과 축복과 평화를 주시기 위함이라고 노래합니다. 104편은 우리로 눈을 들어 온 땅에 가득한 하나님의 행하신 일을 바라보게 하다가, 그렇지만 그 영광이 영원히 소멸하지 않으시고 마침내 우리의 죄를 소멸하실 분인 하나님의 눈에는 그마저 하찮음을 보여줍니다.

창조를 노래하는 시편들은 창조 세계 자체를 감상의 목적으로 삼지 않고, 하나님의 백성들로 구원의 은혜에 감격하면서 세상을 창조하신 자를 기억하여 그에게 영광을 돌리도록 이끌어 줍니다. 창조는 믿는 자들을 도와 섬깁니다. 그리고 우리가 감사함으로 받으면 하나님이 창조하신 모든 것이 유익합니다 (딤전 4:4). 그런데 우리는 예수 그리스도 안에서 하나님께서 드러내신 계시와 아름다운 조화를 이루는 것들에 대해서만 감사할 수 있습니다. 그렇기에 창조는 그 모든 열매와 더불어 예수 그리스도를 위하여 존재합니다 (골 1:16). 그런즉, 예수 그리스도에게 속한 우리는 창조가 만들어 내는 장엄한 장관으로 인해 그와 함께, 그의 안에서, 그로 말미암아 하나님께 감사합니다.

2. 율법

하나님의 율법을 감사와 찬송과 간구의 대상으로 특별하게 소개하고 있는 1, 19, 119 세 편의 시편은 다른 의도들은 다 제쳐두고서라도 우리에게 하나님의 율법이 가져다주는 축복에 대해 밝히 알려 주려고 합니다. 그러니까 '율법' 아래에서 하나님의 모든 구속사적 행위들과 우리의 순종과 함께 맛볼 수 있는 새로운 삶에 대한 지침들을 모두 통틀어 이해할 수 있다는 말입니다. 하나님께서 예수 그리스도를 통해 우리 삶 속에 놀라운 변화를 선물로 주실 때 우리의 마음은 하나님께서 율법 속에 놓아두신 기쁨, 즉 하나님의 계명 속에 담긴 기쁨으로 채워집니다. 그렇기에 때때로 하나님께서 당신의 계명을 우리에게 숨기실 때나, 당신의 기이한 뜻을 알려주시지 않을 때 우리의 삶은 어둠의 나락으로 떨어지고 맙니다 (시 119:19).

하나님의 계명을 아는 것 자체가 은혜입니다. 그의 계명들은 우리가 직접 세운 계획과 스스로 자초한 갈등으로부터 자유롭게 해 줍니다. 그의 계명들은 우리의 걸음에 확신을 불어넣어 주고, 우리의 가는 길을 복되게 합니다. 그 계명이 우리에게서 충족되고자 우리에게 주어졌습니다. "그분의 계명은" 예수 그리스도 안에서 전적인 구원을 얻은 사람에게 "부담스런 것이 아닙니다" (요일 5:3). 예수님께서 친히 율법 아래 거하시고 하나님 아버지께 남김 없는 순종을 드림으로, 또한 그 요구들을 충족시키셨습니다. 하나님의 뜻은 그에게는 기쁨이요 또한 생명의 양식이었습니다 (요 4:34). 그런 그가 우리 안에 율법의 은혜로 인한 감사와 율법의 충족으로부터 오는 기쁨을 놓아두십니다. 그러면 우리는 율법에 대한 사랑을 고백하게 됩니다. 그리고 율법을 가까이 두고 아낄 것을 다짐하고, 또한 그 앞에 흠 없는 모습으로 순간마다 서게 해 달라고 간청하게 됩니다. 우리 힘으로 이루려 하지 않습니다. 우리를 위하시고 우리 안에 계시는 예수 그리스도의 이름으로 기도합니다.

시편 119편은 특별히 읽기 난해한 시편입니다. 아마도 일률적인 반복이 길게 되풀이되고 있기 때문이 아닐까 싶습니다. 이 119편은 시어詩語와 시어 그리고 문장과 문장 사이를 보다 긴 호흡을 가지고 고즈넉이 산보하듯 읽는 것이 도움이 될 것입니다. 그러면 그 뚜렷한 반복들이 사실은 한 주제, 즉 '하나님 말씀에 대한 사랑'을 노래하는 각기 새로운 변주곡들임을 알아차리게 될 것입니다.

하나님 말씀에 대한 사랑은 다함이 없기에, 그 사랑을 표현하는 시어에도 다함이 없습니다. 이 사랑의 언어들은 우리의 평생을 함께 동행할 친구입니다. 동요 가사처럼 꾸밈이 없기에, 소년에서부터 노년에 이르기까지 부를 우리의 기도입니다.

3. 구원의 역사

시편 78편, 105편, 106편은 이 땅에서 살아가는 하나님의 백성들의 역사에 대해 노래하고 있습니다. 은혜로 당신의 백성으로 불러 주시고 신실하게 관계하시는 하나님과 이에 반해 감사할 줄 모르고 외도를 범하는 그의 백성들의 역사에 대해 노래하고 있습니다. 78편 어디에서도 하나님은 청자聽者로 등장하지 않으십니다. 이런 시편들을 가지고 어떻게 기도해야 한단 말인가요? 106편은 과거 구원의 역사의 빛을 비추어 우리가 감사와 찬송과 헌신과 간구를 드리고 죄를 고백하며 하나님의 도움을 부르짖으라고 촉구하고 있습니다. 하나님의 선하심에 감사하게 하소서! 하나님의 선하심은 하나님의 백성들에게 영원토록 미칠 것이며, 우리의 선조들이 경험했듯이 오늘날 우리도 경험하고 있지 않습니까! 하나님께서 행하신 놀라운 일들로 인해 찬양하게 하소서! 이집트 파라오의 손에서 당신의 백성들을 건져내신 이후로부터 골고다 언덕에 이르기까지 하나님께서 우리를 위해 이루지 않으셨습니까! 이전보다 더욱 신실하게 하나님의 계명에 순종하도록 몸부림치게 하소서! 그 계명들을 지킬 수 있도록 약속하신 하나님의 은혜를 간구하게 하소서! 하나님의 넘치는 긍휼에 힘입어 우리의 죄와 믿음 없음과 혹은, 신실하지 못함과 쓸모없음을 고백하게 하소서! 마지막 때에 하나님께서 당신의 온 백성을 모으시고 이루실 구속을 위해 울부짖게 하소서!

하나님께서 과거에 당신의 백성들을 위해 이미 행하신 모든 일들을 오늘의 우리를 위해 행하신 것으로 바라볼 때 이 시편들을 가지고 기도합니다. 우리의 범죄와 하나님의 은혜를 고백할 때 우리는 이 시편들을 가지고 기도합니다. 하나님께서 앞서 행하신 놀라운 일들을 바탕으로 주신 약속을 붙들고 그 약속의 성취를 위해서 기도할 때 우리는 이 시편들을 가지고 기도합니다. 하나님과 그의 백성의 전 역사가 마침내 예수 그리스도 안에서 완성되었음을 바라보며, 우리를 도우신 그리스도께서 앞으로도 우리를 도우실 것을 바라볼 때 우리는 이 시편들을 가지고 기도합니다. 하나님 앞에 감사와 간구와 고백을 드릴 우리의 이유는 바로 예수 그리스도이십니다.

4. 메시야

하나님의 구원의 역사는 메시야를 보냄으로 성취됩니다. 예수님은 시편이 이 메시야에 대해 예시하고 있다고 강해講解하신바 있습니다 (눅 24:44). 시편 22편과 69편은 그리스도를 믿는 자들에게 그리스도의 고난을 예언한 것으로 알려져 있습니다.

예수님은 십자가 위에서 22편의 시작 부분으로 기도하셨고, 이 기도는 진실로 자신의 기도가 되었습니다. 히브리서 2:22절은 시편 22:22절을 예수님의 입술에서 듣습니다. 이 시편의 8절과 18절은 십자가 위에 달린 예수님에게 직접 일어났습니다. 다윗이 고난받는 처지에서 이 시편을 가지고 기도했다면 그건 분명 하나님으로부터 기름 부음 받은 왕이 된 이후에 사람들로부터 고난받고 있던 처지였을 것입니다. 고난받던 이 왕으로부터 그리스도가 나셨습니다. 다윗은 그리스도의 씨앗을 품고 있는 사람으로서 그렇게 기도했던 것입니다. 그리스도께서 다윗이 지은 이 시편을 십자가 위에서 읊었을 때 비로소 다윗의 기도는 완전한 의미로 살아나게 되었습니다. 오직 예수 그리스도의 공동체에 속해 있는 사람들만이 그리스도의 고난에 함께 동참하면서 이 시편으로 기도할 수 있습니다. 고난받고 있는 저마다의 처지에서 각자 이 시편으로 기도한다는 말이 아니라, 공동체에 그리스도의 고난이 찾아오고 있는 처지에서 함께 이 시편으로 기도한다는 말입니다. 우리는 다윗이라는 구약시대의 왕을 통하여 우리와 함께 기도하시는 예수 그리스도의 음성을 항상 듣습니다. 그 깊이를 측량하지도 또 그 바닥에 발을 내딛지도 못한 채 우리는 그리스도와 함께 이 기도를 반복하면서 하나님의 보좌를 향해 걸어가는 것입니다.

69편 5절은 어떤 어려움에 처해 있음을 시사해 줍니다. 그리스도께서 자신의 어리석음과 죄를 하나님 앞에 털어놓고 계십니다. 여기서 자신의 죄를 고백하고 있는 사람은 물론 다윗입니다. 하지만 그리스도께서 다윗과 우리 자신을 포함해서 모든 사람의 죄를 스스로 짊어지고 하나님이 쏟아내시는 분노를 받아내면서 신음하고 계십니다. 예수 그리스도께서 우리와 같은 인간으로서 이 시편을 기도하시면서 우리로 이 기도에 더불어 동참케 하십니다.

2편과 110편은 원수를 이기고 통치하심으로 하나님의 백성으로부터 칭송 받는 그리스도를 증거하고 있습니다. 이 시편들 역시 다윗 왕과 그의 나라와 연관되어 있습니다. 하지만 이제는 굳이 말하지 않아도 다윗 안에서 앞으로 오실 그리스도를 발견합니다. 루터 선생님은 시편 110편을 '그 어떤 시편보다 진실로 우리 귀하신 주님 예수 그리스도에게 돌리기에 합당한 가장 대표적인 최고의 시편'으로 뽑으셨습니다.

20편, 21편, 72편은 재고할 필요조차 없이 지상에 세워진 다윗과 솔로몬의 왕국을 가리키고 있습니다. 20편은 하나님의 기름 받은 왕, 즉 '메시야'가 전쟁에 앞서 드리는 제물을 하나님이 받으시고 (삼상 7:9-10) 원수들을 물리쳐 승리를 안겨주실 것을 염원하고 있습니다. 이어지는 21편에서는 승리의 왕관을 메시야 왕에게 씌워주신 하나님께 감사를 돌리고 있습니다. 72편은 메시야 왕의 통치 아래 가난한 자들을 향해 정의와 구제가 베풀어지고, 태평성대가 도래하고, 나라의 번영이 영속될 것을 간구하고 있습니다. 우리는 이 시편들을 가지고 예수 그리스도께서 세상을 이기고 승리하실 것을 위해 기도합니다. 그리스도가 이미 이루신 승리에 감사하며, 그가 다스리시는 정의와 평강의 나라가 도래할 것을 기도합니다. 시편 61:6-8절과 63:11절도 이와 같은 부류에 속해 있습니다.

논란이 많은 45편은 하나님의 기름 부음 받은 왕에 대한 자랑, 즉 그의 부귀영화와 권세에 대해 자랑하고 있습니다. 이 왕과 결혼한 외국인 신부인 공주는 두고 온 자기 백성과 아버지의 집에 대해서 그만 잊게 되고10절, 하나님이 세우신 이 왕만을 평생 지아비로 섬길 것을 맹세하게 됩니다. 자기의 지아비만을 위해서 자신을 아름답게 가꾸어 그의 기쁨이 되려 합니다. 이 시편은 왕이 되신 예수 그리스도와 그의 신부된 교회가 나누는 사랑의 노래이자 기도입니다.*

5. 교회

어떤 시편들은 하나님의 성읍인 예루살렘과 하나님의 백성들의 축제와 성전과 그곳에서 이루어지는 신령한 제사와 예배에 대해 노래합니다 (시 27, 42, 46, 48, 63, 81, 84, 87 등). 이 부류에 속한 시편들을 통해서 우리가 감사하고 기뻐하는 중에 갈망하는 바는 하나님께서 구원하신 그의 백성들 중에 함께 계시는 것입니다. 구약 이스라엘 백성들

---

* 논란의 중심에는 이 시편에서 언급하고 있는 이스라엘 왕이 역사적으로 누구인가라는 물음이 자리하고 있다. 혹자는 12절을 근거로 페니키아 출신의 공주 이세벨과 결혼한 아합 왕으로(왕상 16:30-31), 여러 중세 신학자들은 다윗 왕으로, 그리고 본회퍼와 같은 개혁주의 노선에 있는 사람들은 장차 나타날 그리스도, 즉 메시야로 해석하고 있다.

에게 시온 산과 그 위에 세워진 성전이 있었다면, 오늘날 그리스도인들에게는 말씀과 성찬 속에 그의 백성들에게 찾아오시는 하나님께서 늘 거하고 계시는 교회가 있습니다. 하나님의 교회는 모든 원수임에도 불구하고 영존할 것입니다 (시 46). 하나님을 대적하는 세상의 권세 아래에서 보내고 있는 유배기에 끝이 올 것입니다 (시 126, 137). 시편에 담긴 모든 감사와 기쁨의 토로가 은혜로우신 하나님께서 예수 그리스도 안에서 믿는 무리들 앞에 나타나실 때 비로소 그 궁극적인 목적을 이루게 됩니다. 영원 전부터 하나님과 완전한 하나됨을 이루셨던 예수님께서 우리와 같은 인간이 되신 후로 하나님과 이루던 공동체를 그리워하셨듯이(눅 2:49), 지금도 자신에게 속한 사람들에게 하나님의 친밀하심과 함께 친밀하심이 차고 넘치도록 그들과 더불어 기도하십니다.

하나님은 믿는 무리들의 예배 가운데 함께 하시겠다고 약속하셨습니다. 그렇기에 예배는 하나님의 방법과 절차를 따라 드려져야 합니다. 그런데 예수 그리스도께서 친히 하나님께 완전한 예배를 드리셨고, 그 예배에서 흠 없는 거룩한 제사를 자원하여 드림으로써 구약성경에 제정된 모든 제사들이 궁극적으로 의도한 목적을 이루었습니다. 그리스도께서는 우리를 위해 하나님이 준비하신 제물이자 동시에 하나님을 위해 우리가 준비한 제물이 되셔서 자신을 드리셨습니다. 이제 우리는 기도와 노래와 하나님의 계명을 따라 살아가는 순종의 삶 속에서 찬송과 감사의 제사만 드리면 됩니다 (시 15, 50). 즉, 우리의 평생의 삶이 감사의 제사를 드리는 예배가 되었다는 뜻입니다. 하나님은 예배하는 삶으로 드리는 감사의 제사를 즐겨 받으시며, 그런 자들에게 구원을 베푸시려 합니다 (시 50:23). 이 부류에 속한 시편들은 우리로 하여금 예수 그리스도로 말미암아 하나님께 감사하고, 마음과 입술과 행위로 하나님을 찬양하라고 가르칩니다.

6. 삶

시편을 가지고 기도할 정도로 열심인 그리스도인이라면 시편에서 심심치 않게 형통한 삶을 위한 간구가 등장하고 있다는 사실을 알게 되면 할 말을 잃게 될지도 모릅니다. 그리스도가 달리신 십자가를 바라보고 있노라면 이 땅에서의 삶과 눈에 보이는 하나님이 주시는 복들은 뭔가 미심쩍어 보여서 어떤 경우에도 탐해서는 안 될 것 같다는, 그런 균형 감각을 잃은 생각에 사로잡히는 사람들이 개중에는 많을 것입니다. 그런 사람들은 시편에 수록된 형통한 삶을 위한 기도들을 마치 구약시대 초기 단계에서나 발견되는 미성숙한 기복 신앙 정도로 생각하는가 봅니다. 자신들은 보다 세련된 신약시대에 살고 있다는 것이지요. 그렇게 생각하면서 스스로 하나님보다 더 영적인 존재가 되고 싶은가 봅니다.

"일용할 양식을 주옵소서"라는 간구 속에 생활에 필요한 전반적인 것들에 대한 간구가 모두 포함되어 있듯이, 우리에게 허락하신 생명을 붙들고 계시는 하나님을 향한 기도에는 필연적으로 우리의 생활과 건강을 위한 간구와 하나님께서 우리를 돌보시고 계심을 눈에 보이는 증거를 통해 보여 달라는 간구가 모두 포함되어 있습니다. 일상의 삶을 위한 소소한 것들을 결코 하찮게 여겨서는 안 됩니다. 도리어 하나님은 예수 그리스도 안에서 우리에게 공동체를 허락하여 주심으로, 다른 무엇보다 이 세상 사는 동안에 하나님의 존전 앞에서 살아가고, 또 장차 다가올 세상에서도 그렇게 살아가라 하셨습니다. 이런 이유로 우리가 이 땅에서 사는 동안 나날이 더 하나님을 알아가고 찬양하고 사랑하도록 '기도'라는 방편을 주셨습니다. 당신을 의뢰하는 사람으로 이 땅에서 형통한 삶을 살아가게 하는 것이 하나님의 뜻입니다 (시 37:3-4). 이 땅에서 형통한 삶을 꿈꾼다고 해서 예수 그리스도의 십자가를 무너뜨리는 것이 아닙니다. 도리어 보다 단단하게 세우는 것입니다. 예수님을 따르던 길에서 한참 부족한 투성이었을 만한 그 시점에 예수님께서 "너희에게 부족한 것이 있었느냐?" 하고 물으셨을 때 제자들은 "아닙니다. 없습니다"라고 대답했습니다 (눅 22:35). 이 상황을 들여다보고 있노라면 시편의 가르침이 들려오는 듯합니다. "적은 재물을 가지고 의롭게 사는 것이 많은 재물을 가지고 악하게 사는 것보다 낫습니다" (시 37:16).

이 시편에서 가르치고 있는 바대로 세상적인 복들을

은혜로우신 하나님께서 우리와 친히 동행하고 계신 증거로 받아들이고, 또 그로 인해 하나님의 인자하심이 생명보다 나음을 더 굳게 확신하게 된다면(시 63:3), 시편을 가지고 건강과 화평과 살맛나는 인생을 위해 기도하면서 신앙의 양심에 가책을 느낄 이유가 하나도 없습니다.

103편은 생명의 보존으로부터 시작해서 죄의 용서에 이르기까지 하나님이 베푸시는 온갖 좋은 선물들이 어떻게 충만함 가운데 하나 되는 놀라운 조화를 이루는지 깨닫도록 가르쳐 줍니다. 그리고 그로 인하여 감사와 찬송을 드리며 하나님 앞에 나아가도록 가르쳐 줍니다 (시 65). 창조주 하나님께서는 예수 그리스도를 통하여 우리에게 생명을 주시고 그 생명을 붙들어 주십니다. 그렇기에 우리가 영원한 삶을 얻기 위한 마지막 준비 과정으로써 죽음을 통해 세상의 온갖 좋은 것들을 손에서 놓게 만드십니다. 오직 예수 그리스도를 힘입어서, 그리고 그와 우리 사이의 맺어진 관계 때문에 우리는 인생에서 유익한 것들을 위해 기도할 수 있고, 또한 확신 가운데 기도할 수 있습니다. 하지만 우리가 필요로 했던 것을 손에 넣었다고 해서 그 순간 예수 그리스도를 통하여 우리에게 호의를 베푸신 하나님을 향한 감사가 우리들 마음에서 끊겨져서는 안 될 것입니다.

7. 고난

"시편이 아니면 어디에서 이보다 더 처절하게 통곡하는 소리를 듣겠습니까? 시편에서 우리는 모든 성도들이 겪는 가슴 절절한 사연들을 듣게 됩니다. 마치 사지死地에 내던져진 듯한, 아니 심지어 지옥에 내던져진 듯한 그런 사연들을 말입니다. 하나님의 분노가 임하는 곳마다 슬픔과 어둠으로 변합니다" 마틴 루터.

시편은 세상살이가 우리에게 안겨 주는 온갖 험난한 풍파 가운데 하나님 앞에 바르게 나아가는 길에 대한 가르침으로 가득합니다. 심각한 몸의 질병, 하나님과 주위 사람으로부터의 깊은 단절, 생명의 위협, 핍박, 투옥 등, 이 땅에서 겪을 수 있는 모든 위기와 위험들은 시편에서 만나기 어려운 낯선 주제들이 아닙니다. 시편 13, 31, 35,

41, 44, 54, 55, 56, 61, 74, 79, 86, 88, 102, 105 등의 이 시편들은 이런 세상살이의 모진 풍파에 대해 침묵하지도, 온갖 종교적 언어를 사용해가며 미화시키지도 않습니다. 믿음에 심각한 시련이 닥쳐왔다고 인정합니다. 이 풍파 한 가운데 헤매며 눈앞이 깜깜해져서 아무것도 볼 수 없게 되면 우리는 모든 것을 하나님 탓으로 돌려 원망합니다 (시 88). 이 세상 그 누구도 시편에서처럼 애통할 법한 상황에 처한 사람은 사실 단 한 사람도 없습니다. 우리 눈앞에 펼쳐져 있는 이 극심한 고통은 전적으로 예수 그리스도만이 홀로 겪으셨던 괴로움이자, 그의 몸 된 공동체가 시대를 거치면서 겪는 괴로움입니다. 이 고난은 하나님의 뜻으로 주어졌기에 하나님보다도 이에 대해 더 완전하게 밝혀 헤아리고 있는 존재가 없고, 그렇기에 하나님만이 도우실 수 있습니다. 하지만 그렇기에 하나님께 온갖 질문들을 쉴 새 없이 쏟아낼 수밖에 없는 것이 또한 우리의 입장입니다.

시편 어디에서도 위험에 처한 고난 앞에 단번에 두 손 두 발 다 드는 경우는 찾아볼 수 없습니다. 열이면 열의 경우 모두 갈등과 불안과 의심을 거쳐 항복에 이르기 마련입니다. 의로운 자는 불행을 당하여 고생하는데 불의한 자는 요리조리 잘도 빠져나가는 경우를 보면서 진정 의롭고 선하고 자애롭다고 믿었던 하나님의 뜻에 대한 우리의 믿음에 의심의 금이 가기 시작합니다 (시 44, 35).

하나님의 방식은 이해하기 참으로 어렵습니다. 하지만 실낱같은 빛조차 보이지 않는 깜깜한 절망 속에서 조차 하나님 한 분만은 귀를 기울이십니다. 그 누구에게도 도움을 기대할 수 없는 노릇이지만, 또한 그렇다고 자괴감에 빠져 이 모든 고통을 시작하시고 또한 끝마치시는 하나님을 져버릴 수도 없는 노릇입니다. 고난당하고 있는 사람은 하나님을 얻기 위하여 하나님에 맞서 씨름해야 할 노릇입니다. 하나님 자신의 약속과 앞서 행하신 구속의 사건들, 그리고 모든 사람 가운데 높이 들려진 하나님의 이름에 걸린 명예가 계속해서 격노하는 하나님 앞을 가로막고 섭니다.

죄가 발견되었다면 용서해 주시면 되지 않나요? 죄가 발견되지 않았다면 모든 고뇌를 그만 종식시켜 주시고 원수들 앞에서 무고함을 증명해 주시면 되지 않나요? (시 38, 79, 44). 이러한 질문들에 대해 시편은 신약성경에 비해 이론적으로 수긍할 수 있는 충분한 해답들을 내어놓지 않습니다. 단 하나의 해답은 '예수 그리스도'입니다. 이 해답이라면 구약 시편에서 이미 제시하고 있습니다. 온갖 난관과 쟁점은 다음과 같이 죄다 하나님께 뒤집어 씌우기 일쑤니까요. "더는 힘들어서 견디지 못하겠으니, 하나님 당신이 다 가져다 짊어지세요. 당신만이 고난을 감당하실 수 있는 분이니까요." 이것이 결국 애통하며 울부짖고 있는 시편들이 의도하는 바입니다. 바로 우리의 질병을 등에 지시고, 우리의 질환을 앞에 끌어 여미시는 분, 즉 예수 그리스도를 향하여 기도하고 있는 것입니다. 예수 그리스도를 환난 중에 유일한 도움으로 선포하고 있는 것입니다. 왜냐하면 하나님께서 그리스도 안에서 우리와 함께 하시기 때문입니다.

애통하며 울부짖고 있는 시편들은 공의와 사랑이신 하나님과의 완전한 이심전심을 꿈꾸고 있습니다. 그런데 여기서 예수 그리스도는 우리 기도의 목적일 뿐 아니라,

우리와 더불어 이 기도를 드리고 있는 분이기도 합니다. 우리의 모든 질고를 짊어지고 하나님 앞에 나아가시는 예수 그리스도는 우리를 대신하여 하나님의 이름을 부르며 이렇게 기도하십니다. "내 뜻대로 하지 마시고 아버지의 뜻대로 하십시오" (마 26:39). 그리고는 우리를 대신하여 십자가에서 이렇게 부르짖으셨습니다. "내 하나님, 내 하나님, 어째서 나를 버리셨습니까?" (마 27:46). 이제 고난 중에서 우리를 돕는 유일한 분이신 그리스도가 우리와 함께 당하지 않는 고난을 이 땅에서 더는 찾아볼 수 없음을 깨닫습니다. 그는 우리와 함께 모든 고난을 당하시며 또한 함께 기도하십니다.

이 확신으로부터 하나님에 대한 신뢰를 노래하는 위대한 시편이 등장합니다 (시 23, 37, 63, 73, 91, 121). 그리스도가 빠진 하나님에 대한 신뢰는 허구이고 그렇기에 확실성이 없습니다. 엄밀히 말해서 그런 신뢰는 자기 신뢰의 또 다른 형태일 뿐입니다. 하지만 하나님께서 예수 그리스도 안에서 우리의 고난 가운데로 들어오셨음을 아는 사람은 위대한 확신 가운데 사로잡혀 이렇게 노래할 것입니다.

"주께서 나와 함께 계시기 때문입니다. 주의 지팡이와 막대기가 나를 지키시고 보호하십니다" ^(시 23:4).

8. 죄

죄의 용서를 구하는 시편의 기도는 우리가 생각하는 것 보다 적습니다. 대부분의 시편에서는 죄를 용서해 주실 것에 대한 전적인 확신이 이미 깔려 있기 때문입니다. 놀라는 분들이 있을 줄 압니다. 하지만 이는 '심지어' 신약성경에서도 마찬가지입니다. 죄 용서를 구하는 기도만이 그리스도인의 입술 언저리를 맴돌 때 기도는 그 기력을 잃고 위태로워집니다. 예수 그리스도에게 맡겨두고 훌훌 털고 일어서야 하는 그런 죄도 있는 법입니다.

그렇다고 해서 시편에 회개 기도가 없다는 말은 절대 아닙니다. 소위 '참회의 일곱 시편'(6, 32, 38, 51, 102, 130, 143편)과 더불어 여타 시편들은(14, 15, 25, 31, 39, 40, 41편 등) 하나님이 인식하시는 죄의 실체 속으로 우리를 내던집니다. 그리고 우리가 범한 죄에 대해 고백하도록 도와줍니다. 그런 뒤에 용서하시는 하나님의 은혜에 전적으로 우리의 신뢰를 내어 맡기게 합니다. 그래서 루터 선생님은 이 부류의 시편들을 일컬어 '바울 표™ 시편'이라는 별칭으로 불렀습니다. 보통 이런 기도는 특정한 경우에 하게 됩니다. 무거운 죄를 범한 경우일 수도 있고,(시 32, 51) 예상 못한 어려움을 겪으면서 범한 죄가 생각나 회개하게 되는 경우도 있습니다 (시 38, 102). 하나님께서 예수 그리스도에 대한 당신의 말씀 속에 어느 때나 값없이 용서해 주시겠다고 제안하셨고 또 약속해 두셨으므로, 어떤 죄를 범한 경우든지 우리는 하나님의 값없는 용서를 받을 것이라는 소망을 놓아버리지 않습니다.

그리스도인이라면 참회하는 시편을 가지고 기도하면서 공감하지 못하는 어려움을 겪지는 않을 것입니다. 그럼에도 그리스도께서 이 시편들을 가지고 우리와 함께 기도하고 계심을 어떻게 이해해야 하는가에 대한 질문이 생길 법도 합니다. 죄가 없으신 분이 어떻게 용서를 구한단 말입니까? 그렇게 함으로써 죄 없는 분이 세상 죄를 지고 우리를 대신해서 죄 있는 분이 되셨습니다 (고후 5:21).

예수님은 죄 용서를 위해서 기도하시되 자신의 죄가 아닌 우리의 죄를 위해서 기도하셨습니다. 그리고 우리의 죄를 짊어지고 고난당하셨습니다. 스스로 우리의 처지에 이르셨습니다. 하나님 앞에 우리와 같은 죄인된 모습으로 서고자 하셨습니다. 예수님은 모든 기도 중에서 가장 인간적인 기도를 우리와 함께 드리셨고, 바로 이 모습 속에서 자신을 참된 하나님의 아들로 드러내셨습니다.

시편 전체에서 의인이 자신의 결백을 호소하는 목소리가 자신의 범죄함을 고백하는 목소리만큼 크다는 사실에 특별히 개신교도들이 그 마음에 당혹감과 거부감을 느끼곤 합니다 (시 5, 7, 9, 16, 17, 26, 35, 41, 44, 59, 66, 68, 69, 73, 86편 등). 마치 행위를 통해 얻는 소위 '구약적 의'를 뒷받침하는 잔여 증거물일 뿐이기에 신약시대에 사는 그리스도인들과는 아무런 상관이 없다고 치부하기 때문입니다. 이런 식의 관점은 하나님 말씀이 지닌 깊이에 대해 얄팍하다 못해 완전한 무지를 드러낼 뿐입니다. 물론 자기 의에 사로잡혀 자신의 결백에 대해 주장할 수 있습니다. 하지만 바닥에 완전히 엎드려져 자신의 죄를 고백할 때조차 여전히 자기 의를 힘껏 움켜질 수 있음은 왜 보지 못합니까? 누군가 자신의 죄를 고백할 때조차 자기 결백을 호소할 때 만큼이나 의롭다 판단하시는 하나님의 말씀과는 동떨어져 있을 수 있습니다.

이 시점에서 우리가 물어야 할 질문은 '어떤 배경에서 참회 기도를 하는가'가 아니라 '참회 기도의 내용이 진실한가 아니면 거짓된가' 입니다. 예수 그리스도를 믿는 그리스도인이라면 자신의 죄악에 대해서 뿐 아니라, 마찬가지로 중요한 자신의 결백과 정당성에 대해서도 뭔가 말할 건더기가 있음이 이 질문 앞에서 분명해 집니다. 그리스도인으로서 믿음을 가졌다는 것은 하나님의 은혜와 예수 그리스도의 공로를 통해서 하나님 보시기에 전적으로 흠이 없어지고 의로워졌다는 뜻입니다. "그리스도 예수 안에 있는 사람들은 정죄를 받지 않습니다" (롬 8:1). 그리고 그리스도인으로서 기도한다는 것은 이 결백함과 의로움을 굳게 붙잡고 기대어 의지한다는 뜻입니다. 믿음을 지닌 그리스도인은 이 결백함과 의로움을 다른 그리스도인들과 함께 누리고, 이를 근거로 하나님 말씀 앞에 호소하며, 또한 이를 이유로 하나님께 감사합니다. 우리에게 취하신 하나님의 행동의 다른 면면들을 진지하게 묵고해 보면, 철저한 낮아짐과 담대함을 가지고 다음과 같이 기도해야 하지 않겠는가 정도가 아니라⋯ 반드시 그렇게 기도해야 하는 것입니다.

"나는 주 앞에 흠 없이 살고 내 자신을 지켜 죄를 짓지 않았습니다"(시 18:23).

"나를 시험해 보신다 해도 아무것도 찾지 못하실 것입니다"(시 17:3).

이런 기도를 드리면서 우리는 신약성경의 중심에, 예수 그리스도의 십자가의 공동체 한 가운데 서게 되는 것입니다.

자신은 결백하다고 힘써 주장하는 목소리가 하나님을 두려워하지 않는 원수들로부터 받는 억압에 대해 다루고 있는 시편에서 들려옵니다. 이런 시편을 관통하는 주요 논지는 하나님이 제기하시는 소송訴訟의 정당성입니다. 이를 인정하는 사람만이 또한 그의 변호를 받을 수 있습니다. 하나님이 제기하신 소송으로 인해 핍박받고 있다는 사실 자체가 하나님의 원수들과의 공방攻防에서 승소자로 우리의 손을 들어줍니다. 이런 시편에서는 누가 보더라도 객관적인 우리의 결백과 아울러 (사실 하나님의 은혜 같은 실제들은 우리에게 개인적으로 다가오기에 그 은혜를 힘입는 우리의 결백 또한 절대로 객관적일 수 없지만) 자신의 은밀한 죄에 대한 고백이 함께 등장합니다 (시 41:4, 69:5). 이 역시 하나님이 제기하신 소송의 정당성을 인정한다는 표현의 하나입니다. 그렇기에 죄의 고백을 드린 그 호흡으로 이어 다음과 같이 간청할 수 있습니다. "하나님이여 나를 판단하시되 경건치 아니한 나라에 향하여 내 송사를 변호하시며 간사하고 불의한 자에게서 나를 건지소서" (시 43:1).

'그것이 무엇이든지 간에 우리에게 흠이 남아 있는 이상 결백한데도 불구하고 애매하게 고난받는 일은 절대 있을 수 없다'는 식의 생각은 철저하게 비성경적이고 그렇기에 버려야 할 생각입니다. 구약성경이나 신약성경 어디에도 그런 생각을 지지하지 않습니다. 하나님이 제기하신 소송으로 인해 어려움을 겪고 있다면 우리는 무고하게 고난받고 있는 것이 분명합니다. 즉, 하나님과 함께 고난받고 있다는 뜻입니다. 의로우신 하나님께서 정녕 우리와 함께 하시는 자리, 즉 우리의 결백이 진정으로 입증되는 자리는 바로 우리의 죄를 용서해 달라고 간구하는 기도의 자리입니다.

우리의 결백은 하나님의 원수들 앞에서 뿐 아니라 하나님 앞에서도 증명됩니다. 하나님께서 자신의 소송에 우리를 끌어들이시니 하나님의 소송은 곧 우리의 소송이 됩니다. 즉, 하나님이 우리의 죄를 용서해 주신 것입니다. 이런 이유로 결백을 부르짖는 모든 시편은 다음 찬송에 잇닿아 있습니다.

"의로우신 주님, 그리스도의 보혈이라 / 내 존귀한 예복이요, 화려한 색동저고리라 / 천국의 영광 속에서 나 새로이 살 때 / 하나님의 보좌 앞에서 주님으로 옷 입으리."*

---

* 브란덴부르크와 포메른 지역에서 발행된《루터교 찬송가》제1권, 154장.

9. 원수

시편 전체에서 소위 '복수의 시편'으로 불리는 부류의 시편들보다 현대 그리스도인들에게 골칫거리를 안겨주는 시편도 없을 것입니다.*

게다가 복수를 부르짖는 이들의 목소리는 왜 그렇게 끔찍할 정도로 자주 들려오는지요. 시편 5, 7, 9, 10, 13, 16, 21, 23, 28, 31, 35, 36, 40, 41, 44, 52, 58, 59, 68, 69, 70, 71, 137편, 그리고도 여전히 더 남아있습니다. 이 시편들을 가지고 기도해 보려는 갖은 노력들은 결국 헛수고로 돌아가고 맙니다. 누구의 말대로 신약성경이 탄생하기 전의 모태 속 태아 단계의 종교로 밖에 비춰지지 않습니다. 그리스도께서는 십자가 위에서 자신의 원수들을 위해 기도하셨고, 또 우리도 그렇게 하라고 가르치셨

---

* 본회퍼는 여기서 기원후 2세기 신학자로 '사탄의 장자'라는 혹독한 교회의 심판과 함께 이단자로 내쫓긴 마르시온Marcion, 85~160과 같이 구약성경을 정경으로 인정하지 않는 입장에 맞서고 있다. 동시에 히틀러의 유대인 학살과 말살 정책으로 메시야를 죽인 하나님의 원수에 대한 응징을 간구하는 〈시편〉 기도의 성취로 승화시킨 임마누엘 허쉬Emmanuel Hirsch, 1886/88~1972 같은 나치 신학자들의 견해에도 맞서고 있다.

습니다. 그런데 어떻게 이 시편들을 가지고 하나님의 복수가 원수들 머리 위에 쏟아지도록 기도한단 말입니까? 달리 질문하면 이렇습니다. "상대를 저주하는 시편을 원수를 위해 기도하라 하신 예수 그리스도의 가르침과 같은 하나님의 말씀으로 받아들여도 되는 것인가요?" 그리스도인으로서 이 시편들을 가지고 기도해도 괜찮을까요? 다시 강조하지만, '왜'라는 기도의 동기에 대해서 물을 것이 아니라 '무엇'이라는 기도의 내용에 대해서 물어야 합니다. 하지만 동기는 밝혀내기 어렵습니다.

이 시편들에서 원수로 지목된 세력들은 하나님께서 소송을 제기한 피고인들, 즉 하나님을 대적하여 우리에게 손을 댄 하나님의 원수들입니다. 그러므로 사적인 차원에서 갈등 관계에 있는 사람들과는 전혀 거리가 먼 세력입니다. 이 시편들을 가지고 기도하는 사람치고 자기 손으로 직접 복수하게 해달라고 기도하는 사람은 없습니다. 하나같이 하나님께 복수를 맡겨둡니다 (롬 12:19 참조). 그렇기에, 이들은 직접 복수하려는 사적인 마음을 접어두고, 복수하고 싶은 사무치는 감정을 털어내야 했습니다. 그렇지않다면 철저하게 하나님께 복수를 맡긴 게 아닐 테지요. 사실 따지고 보면 원수와의 관계에서 떳떳한 사람만이 하나님께 복수를 맡길 수 있는 법입니다. 하나님의 복수를 바라는 기도는 하나님께서 공의를 따라 죄를 심판해 달라는 기도입니다. 하나님께서 그 말씀으로 심판문을 선언하시기에, 그 말씀이 떨어지는 사람에게 하나님의 판결이 알려지기 마련입니다. 하나님의 심판 아래 우리 자신의 죄와 함께 서는 것입니다. 이 심판을 훼방할 아무 권한이 죄인 된 우리에게는 없습니다. 하나님 입장에서 보면 심판은 반드시 집행되어야 합니다. 그리고 우리가 미처 헤아리지 못할 방법으로 이루어졌습니다.

하나님의 응징이 죄인들 위에 부어지지 않고, 대신 유일하게 죄가 없으나 죄인들을 대신하여 심판 아래 서신 하나님의 아들 위에 부어진 것입니다. 시편에서 집행해 달라고 부르짖고 있는 하나님의 응징을 짊어진 이는 바로 예수 그리스도이셨습니다. 죄를 향한 하나님의 분노를 가라앉히시며 거룩한 심판의 집행이 다가오는 시점에서 그리스도께서 이렇게 기도하셨습니다.

"아버지, 저들을 용서해 주소서. 저들은 자신들이 하고 있는 일을 알지 못합니다"(눅 23:34).

하나님의 진노를 스스로 받아 낸 이분이 아니고서는 그 누구도 이렇게 기도할 수 없습니다. 이 기도에서 사랑의 하나님은 죄를 심각하게 다루지 않으신다는 모든 그릇된 생각들이 그 종말을 맞이합니다. 하나님은 당신의 원수들을 미워하시고 심판하시되, 홀로 의로우신 자 안에서 그렇게 하십니다. 원수들을 용서해 달라고 기도하시는 이 안에서 말입니다. 하나님의 사랑이 발견되는 곳은 예수 그리스도가 달리신 십자가입니다.

복수의 시편이 우리를 데려가는 곳은 원수들을 용서하시는 하나님의 사랑이 있는 곳, 예수님이 달리신 십자가입니다. 우리 자신은 하나님의 원수들을 용서할 수 없습니다. 오직 십자가에 달리신 그리스도만이 하실 수 있습니다. 그리스도에게 잇대어 용서할 수 있습니다. 그렇게 해서 원수에 대한 복수가 예수 그리스도 안에 있는 모든 자들에게는 하나님의 은혜로 이해되는 것입니다.

그렇다면 이 시편들을 가지고 기도할 때 '아직' 이루

어질 약속을 붙잡고 기도하고 있는지, 아니면 '이미' 이루어진 성취를 붙잡고 기도하고 있는지를 분별하는 것이 매우 중요합니다. 사실 이 사안은 시편 전체에 해당됩니다. 우리는 미처 헤아리지 못한 방법으로 이미 성취되었다는 확신 속에 분노의 시편을 가지고 기도합니다. 그리고 동시에 하나님의 손에 복수를 맡겨두고 그의 모든 원수들에게 공의로운 심판을 행하시기를 위해 기도합니다. 진노의 심판을 십자가 위에 쏟으실 때 하나님은 좌左나 우右, 어느 한 쪽으로도 치우치지 않으시고 공의를 베푸셨습니다. 그와 동시에 그의 진노가 우리에게는 은혜와 기쁨이 되었습니다. 예수 그리스도께서 원수들에 대한 응징을 자신의 몸에 베풀도록 하나님께 기도하시고, 뒤이어 우리 자신을 비롯해 모든 하나님의 원수들을 위해 친히 매어 달리신 그 십자가 앞, 그 숙연한 은혜 앞으로 우리를 날마다 데려가십니다.

어제뿐만이 아니라 오늘 또한 오직 예수 그리스도의 십자가만을 통해서, 즉 그리스도에게 쏟으신 하나님의 징벌을 통해서만 하나님의 사랑을 믿을 수 있고 또한 원수들을 용서할 수 있습니다. 모든 사람이 다 십자가 앞에 서 있습니다. 십자가 위에서 하나님이 쏟으시는 복수를 받은 예수님을 조롱하고 그가 십자가 위에서 쏟은 말을 흐리고 와전시키는 사람들은 지금이나 이후에 반드시 하나님의 저주를 받게 될 것입니다. 그리스도를 미워하는 자들에게 쏟아질 이 하나님의 분노에 대해 신약성경은 오해와 변명의 소지가 남지 않도록 분명하게 선언하고 있으며, 그런 점에서 구약성경과 맥을 같이 합니다. 하지만 여기에 그치지 않고 더하여 하나님께서 마지막 대심판을 베푸실 그날에 그리스도의 공동체가 누릴 기쁨에 대해서도 마저 선언하고 있습니다 (갈 1:8 ; 고전 16:22 ; 계 18:19, 20:11). 분노의 시편들을 가지고 어떻게 바르게 기도하는지 십자가에 달리셨던 예수 그리스도께서 가르쳐 주고 계십니다.

10. 마지막 때

그리스도인의 참된 소망은 다시 오실 주님과 죽은 자

들의 부활에 초점이 맞춰져 있습니다. 사실 이 소망에 대한 표현이 시편에서 그리 많이 발견되지는 않습니다. 예수님의 부활 이후로 역사의 끝, 즉 완성을 향해 교회와 관련된 일련의 사건들이 이어지며 전진하고 있는 구원의 역사는 구약성경에 흐르고 있는 구원의 역사와 그 맥을 같이하고 있습니다. 자신을 계시한 하나님과 더불어 누리는 삶, 세상 가운데 이루어질 하나님의 최후 승리, 그리고 하나님의 기름 부음 받은 왕이 다스리는 하나님의 나라의 도래는 모두 시편의 기도 제목들입니다.

이런 측면에서 시편의 소망이 신약성경의 소망과 다르지 않습니다. 시편에서는 분명히 하나님과 더불어 이루는 지상의 공동체를 위해서 기도하고 있습니다. 하지만 이 공동체의 존속이 단순히 지상에서만 그치지 않고 그 너머 세상에까지 이어질 것을 인식하고 있습니다. 심지어 둘 사이의 차이를 부각시키기도 합니다 (시 6, 17:14, 34). 즉, 하나님과 더불어 살아가는 공동체의 삶이 육체의 죽음 너머에 존재하는 것으로 늘 인식하고 있었음이 분명합니다. 죽음은 실로 육체와 영혼이 맛보는 돌이킬 수 없는 씁쓸한 종말입니다. 죄의 삯이며, 그렇기에 반드시 지불되어야 합니다 (시 39, 90). 하지만 죽음의 또 다른 면면에 영존하시는 하나님이 계십니다 (시 90, 102). 그러므로 죽음이 승리하지 못하고, 하나님의 권능으로 생명이 승리합니다 (시 16:9, 49:15, 56:13, 73:24, 118:15). 이 생명은 예수 그리스도의 부활에서 발견되고, 이 영생을 위해 우리는 지금부터 영원까지 기도합니다.

하나님과 그가 세우신 기름 부음 받은 왕의 최후 승리에 대해 노래하는 시편들은 우리로 찬송과 감사와 간구를 드리면서 온 세상이 마침내 하나님께 존귀와 위엄을 돌리고, 구속된 백성들이 하나님과 함께 영원히 다스리며, 또한 악의 세력이 무너지고 하나님께서 홀로 권세를 잡으실 모든 역사의 끝, 즉 역사의 완성을 향해 나아가도록 이끌어 줍니다 (시 2, 96, 97, 98, 110, 148-150).

지금까지 몇몇 시편들을 가지고 '어떻게 보다 바른 방향으로 기도할 수 있을까' 하는 고민을 가지고 시편의 숲을 잠시 거닐어 보았습니다. 앞에서 다룬 시편들을 주님이 가르쳐 주신 기도에서 발견되는 간구에 따라 분류해 보는 것은 어려운 작업이 아닐 것입니다. 이 작업에 들어가는 수고라고 해 봐야 고작 위에서 차례로 알아본 주제별 부류의 순서를 주기도문에 맞춰 바꾸는 정도일 것입니다. 정작 우리가 의의를 두어야 할 것은 우리 주님 예수 그리스도의 이름으로 시편을 가지고 기도하는 것에 대해서 우리 안에 신빙성과 애정이 다시 새롭게 회복되기 시작했느냐는 것입니다.

"우리에게 시편과 주기도문을 주셔서 이들을 가지고 기도하는 법을 가르쳐 주신 사랑하는 우리 주님, 우리에게 기도와 은혜의 영을 또한 주사 우리로 진지한 열정과 믿음으로 기도하게 하시되 바르게 그리고 쉼 없이 기도하게 하소서. 우리는 기도해야 합니다. 그가 이를 위해 간청하셨기에 우리의 기도 받기를 원하십니다. 우리 주님께 찬송과 존귀와 감사를 돌릴지어다. 아멘" 마틴 루터.

　본회퍼 선생님의《말씀 아래 더불어 사는 삶》을 처음 접하게 된 때는 비블리칼 신학교에서 목회학 석사 과정을 밟던 마지막 해로 기억합니다. 신학교에서 교회역사를 가르치시던 조 토마스Joe Thomas교수님 댁에서 몇몇 신학생들과 일주일에 한 번씩 가져오던 모임에서였습니다. 각자 있는 곳에서 흩어져 초대 교부들의 성서주해를 읽고 묵상하다가 그날이 되면 함께 모여 묵상한 것들을 나누었습니다. 말씀의 빛 앞에 드러난 자신의 연약함과 죄를 고백하며 서로를 긍휼히 여기는 마음으로 축복하는 기도가 뒤이었습니다. 그리고 그런 자신들을 사랑하시고 구속하시고 사역으로 불러주신 하나님을 향한 찬양을 올려 드렸습니다. 때로는 저녁 식사에 앞서 성찬식도 행하였습니다. 지역 사회 봉사단체를 통해 길거리 노숙자들에게 음식을 대접하기도 했습니다. 토마스 교수님은 미국 일리노이 주에 위치한 어바나 신학교에서 총장의 제의를 받으셨지만 애써 자신을 낮추어 부총장이 되셨습니다.

떠나시기 전에 추천해 주신 책이 바로 책이었습니다. 책을 읽어가면서 교수님께서 《말씀 아래 더불어 사는 삶》에 대한 본회퍼의 고귀한 가르침을 몸소 교수사역 상황에 맞춰 신학생들과 함께 실천하시고자 함을 깊이 알게 되었습니다. 토마스 교수님을 비롯해서, 신학자이기 전에 목회자의 모습으로 스스로 본을 보이시며 가르쳐 주신 비블리칼 신학교의 은사 교수님들을 기억합니다. 그분들에 대한 그리움과 감사의 마음으로 이 책을 번역하게 되었습니다. 지금은 필라델피아 루터란 신학교에서 수학하며 독일 루터교 목회자이자 신학자이셨던 본회퍼의 가르침들을 조금은 더 피부로 느끼게 됩니다. 수요

일에는 정오를 삼십 분 앞두고 신학교 내 교회에서 성찬 예배가 드려집니다. 교회 내부 모습은 마치 하나님이 창조하신 세계의 작은 축소판과도 같습니다. 바다를 상징하는 물그릇, 육지를 상징하는 마룻바닥과 그 가운데 위치한 성찬식탁, 산을 상징하듯 몇 단 올라선 설교단, 해와 달과 별을 상징하는 공중에 매달린 전등, 그리고 천상을 상징하는 성가대석과 오르간. 하나님께서 베푸신 구원이 개인을 넘어 온 창조계에 이름을 상기시켜 줍니다. 성경의 마지막에 기록된 우주적인 새 창조를 연상시켜 줍니다. 예배가 이루어지는 장소는 세상이라는 긴장감을 불어넣어 줍니다. 하나님이 베푸신 구원을 개인적이고 영적인 차원으로만 착각하지 않도록 도와줍니다.

초대교회는 그리스도의 신성과 인성 중 어느 하나를 다른 하나보다 더 강조하려는 이단의 가르침에 단호히 맞섰습니다. 이 예배의식의 증인들은 좌우 벽면에 나열된 스테인드글라스에 새겨진 예수님의 열 두 사도들입니다. 예배의식은 크게 네 부분으로 구성되어 있습니다. 부르심, 말씀, 성찬 그리고 보내심. 초대교회로부터 이어져 온 기본적인 구성과 흐름입니다. 이 구성 중에 성찬예식에서 빵을 떼고 포도음료를 마시기 전에 행하는 의식은 언급될 만합니다. 서로서로에게 찾아가 "평강이 너에게 있으라" 축복하며 서로의 손을 맞잡거나 몸으로 안아주는 의식입니다. 본회퍼 선생님께서 희망하셨던 광경, 즉 다음 날 성찬예식에 참여하기 위해 자신의 죄를 고백하고 용서를 베푸느라 서로를 찾아다니는 모습이 화요일 저녁에 얼마나 펼쳐지는지는 알 수 없습니다. 하지만 평강의 축복과 감사의 찬송 가운데 한 사람 한 사람 차례로 떡과 잔에 참예함으로 예수 그리스도와 연합하여 하나님과의 평강을 누리니, 그리스도의 몸 된 공동체는 성찬식에서 완성된다는 본회퍼 선생님의 가르침을 이해하게 됩니다. 식탁의 교제가 의미하는 바는 바로 가족이기 때문입니다. 하나님과 원수 되었고 서로와 원수 되었던 우리가 한 식탁에 모여 한 떡과 한 음료를 먹고 마시니 그리스도의 보혈의 능력입니다.

손으로 한 떡을 만지고 입에 넣고 씹으며, 코로 한 음료의 냄새를 맡고 마시면서 구원이 영적인 영역에서만 머무르지 않음을 다시금 기억하게 됩니다. "사람이 떡으로만 살 것이 아니요…"라는 예수님의 말씀에는 사람은 기본적으로 떡으로 사는 육신을 지닌 존재라는 이해가 바닥에 깔려있습니다.

제가 다녀온 장로교회의 주일예배는 보통 성찬예식이 순서에 빠져 있기 마련이었습니다. 목사님들께 성찬예식을 자주 행하지 않는 이유에 대해 물어보았을 때, 자주 하게 되면 식상해져 참 의미가 상실될 수 있기 때문이라는 이야기를 듣습니다. 공감하는 중에도 이 논리를 하나님의 말씀을 전하고 듣는 설교에 적용해 보면 어떨까 하는 질문이 생깁니다. 하나님의 말씀을 자주 전하면 그 의미와 무게감이 떨어지고 식상하다 하여 일 년에 몇 차례 정도만 설교를 행할 수는 없을 것입니다.

예배의식을 통해 우리는 하나님께서 세상을 위해 행하신 성경에 기록된 하나님의 은혜와 사랑, 그리고 고난의 이야기를 찬송으로 노래하고, 기도로 감사하며, 설교로 전하고 듣고, 성찬식으로 몸소 행합니다. "말씀이 육신이 되어" 우리 가운데 거하다 우리의 죄를 '죄 되다'

하기 위해 죽으시고 우리를 '의롭다' 부르시기 위해 부활하신 이야기를 말하고, 듣고, 노래하며, 행동하며, 눈으로 보며, 맛보아 온 존재로 경험합니다. 이 말씀에 관하여는 우리가 귀로 "들은 바요" 눈으로 "본 바요" 손으로 "만진바"라 했던 한 사도의 증언처럼 말입니다. 그리스도와 함께 죽고 그리스도와 함께 살아납니다. 그리고 세상으로 보내심을 받아 이 이야기를, 이 복된 소식을 세상에 나가 전합니다. 말로만 전하지 않고, 예배에서 했던 것처럼 온 존재로 전합니다. 삶으로 전합니다.

교회는 그리스도의 육신입니다. 말씀이 그리스도인들을 통해 육신을 입어 세상에 거합니다. 그리고 사람들을 예배로, 말씀을 듣는 자리와 성만찬의 자리로 부릅니다. 보내기 위해 부릅니다. 부르기 위해 보내어집니다. 예배는 부르심으로 다시 시작됩니다.

"그리스도 공동체의 완성이 바로 주님의 거룩한 성만찬 공동체 속에서 이루어집니다. 성만찬 공동체에 속한 모든 사람들이 오늘 주님의 식탁에 더불어 앉아 그의 살과 피로 하나 되듯이, 영원에서도 더불어 하나일 것입니다. 여기 이 주님의 식탁에서 공동체가 그 목적을 이룹니다. 여기 이 주님의 식탁에서 그리스도와 그의 공동체 안에 놓아두신 기쁨에 끝이 없습니다. 말씀 아래 더불어 사는 그리스도인들의 삶이 성찬예식에서 완성됩니다."

끝으로 개신교회에서 성찬예식의 의미가 새롭게 평가되어 그 위치가 보다 높아지고 그 횟수가 보다 늘어나기를 바라는 마음을 품고 이 책을 번역하였습니다. 몸 된 교회를 통해 말씀이 귀로 들을 뿐만 아니라 눈으로 보고 손으로 만질 수 있는 육신이 되어 세상에 증거 되기를 바라는 마음으로 이 책이 더욱 많은 분들에게 알려지기를 원합니다.

2010년 11월, 추수감사절 주간에